Mes

EZOTERİK TASAVVUF

DESTEK
yayınları

DESTEK
MEDYA
GRUBU

DESTEK YAYINLARI: 1604
TASAVVUF: 39

MESUD TOPAL / EZOTERİK TASAVVUF

İmtiyaz Sahibi: Yelda Cumalıoğlu
Genel Yayın Yönetmeni: Ertürk Akşun
Yayın Koordinatörü: Özlem Esmergül
Üretim Koordinatörü: Semran Karaçayır
Editör: Özlem Esmergül
Son Okuma: Devrim Yalkut
Kapak Tasarım: İlknur Muştu
Sayfa Düzeni: Cansu Poroy
Sosyal Medya-Grafik: Tuğçe Budak-Mesud Topal-Meltem Kökboyun

Destek Yayınları: Mayıs 2022
Yayıncı Sertifika No. 13226

ISBN 978-625-441-668-2

Abdi İpekçi Caddesi No. 31/5 Nişantaşı/İstanbul
Tel. (0) 212 252 22 42
Faks: (0) 212 252 22 43
www.destekdukkan.com
info@destekyayinlari.com
facebook.com/DestekYayinevi
twitter.com/destekyayinlari
instagram.com/destekyayinlari

Destek Dukkan

Deniz Ofset – Çetin Koçak
Sertifika No. 48625
Maltepe Mahallesi
Hastane Yolu Sokak No. 1/6
Zeytinburnu / İstanbul
Tel. (0) 212 613 30 06

Mesud Topal

EZOTERİK TASAVVUF

Tasavvufta semboller, kavramlar ve ezoterik sırlar

DESTEK yayınları

İÇİNDEKİLER

TASAVVUF NEDİR?

Tasavvuf gönlünü temizleyip en saf sevgi ile Allah'a bağlanmak, insanın arzu ve isteklerinden sıyrılıp, nefsini kontrol etmeyi öğrenip gerçek olanı anlamaya hazır hale gelmesi demektir. Tasavvuf bir disiplindir. Arayıştan ziyade, olma haline ulaşabilme yolculuğudur. Arzu ve isteklerinin yani bir diğer deyişle insanın ilkel kimliğinin, İd'in dürtüsel isteklerinin ve tepkilerinin kontrolü altında bir yaşam sürmek yerine insanın fiziksel, tinsel, ruhsal ve zihinsel olarak hayvandan ayrıldığı değerli yeteneklerini ve eğilimlerini keşfetmesi, eğitmesi hatta bir yerde İd'i ehlileştirmesidir.

Tasavvuf pek çok şekilde tarif edilegelmiştir. İlk dönem sufiliğin önemli isimlerinden Cüneyd-i Bağdadi'ye göre tasavvuf insanın dünya zenginliklerinden uzak durup, onlara meyletmeyip Allah'a yönelmesidir. Aynı zamanda tasavvuf çok kapsamlı bir semboller sistemidir. Ezoterik bir disiplindir. Tasavvufta da bilginin hiyerarşisi söz konusudur. Her bilgi her kişiye açık değildir. Bilginin karşılık bulması, işlevsellik kazanması için kişinin bir hiyerarşik sistem içinde eğitilerek alabileceği kadar bilgiyle ilerletilmesi, giderek aldığı bilginin niteliğinin ve gücünün de artmasıdır. Herkese açık olmayan bilgi sembollerle saklanmakta ve aktarılmaktadır.

Ezoterizmin Osmanlıcadaki karşılığı "batinilik"-tir. İçteki, içyüz anlamlarına gelmektedir. Türkçedeki karşılığı "içrek" sözcüğüdür. "Ezoterik bilgiler" herkese açıklanamayan, gizli, gizemli bilgiler demektir. Bu bilgilere ulaşabilmek için belirli eğitimlerden geçip disipline olmak gerekmektedir. Tasavvuf kavramları, kurumları, ritüelleri ile başlı başına ezoterik yani gizemli bilgilerle donatılmış bir yapıdır. Ezoterizm bir din veya inanç sistemi değildir. Bu yüzden tasavvufu İslam'dan ayrı bir yerde düşünenler büyük bir hata yapmaktadır. Çünkü Tasavvuf'un amacı İslam'ın dışında bir inanç sistemi kurmak değildir. İslam'ı daha iyi anlamak, bilmek ve kâmil insan mertebesine yükselmeyi hedeflemektedir.

Tasavvufta gizli bilgilere ulaşmak için kişinin önce tasavvuf yoluna girmeye, mürit olmaya ve bir mürşide yani yol göstericiye tabi olması gerekmektedir. Mürşidin müridi kabul ettiği bu eyleme ise tasavvufta "el vermek" denir. Buradan da anlaşılacağı üzere ezoterik bilgiler yazılı olarak ulaşılabilecek bilgiler değil, bir mürşide tabi olunarak ulaşılabilecek bilgilerdir. Bu yolda Mürit çırak, mürşit ise ustadır.

Mürit ezoterik bilgiye ulaşmadan önce egzoterik bilgiyi öğrenmeyle başlar. Egzoterizm, Ezoterizm'in tam zıddı olup herkesin ulaşabileceği ve öğrenebileceği bilgiler demektir. Dini bilgiler egzoterizm kabul edilirken, dinlerin manevi bilgileri ezoterik kabul edilir. Tasavvufta egzoterizm bilgileri yani dini ilimleri öğrenen kişi belirli bir seviyeye geldikten sonra ezoterik bilgileri öğrenmeye başlar. Burada önemli olan kısım egzoterizm yani dışsal bilgilerin tam öğrenilmesi gerekmektedir. Çünkü tasavvufta insanın içi ve dışı bir olmalı öğretisi vardır. Bu yüzden tasavvuf ekolünden gelen isimlere baktığımızda her biri aynı zamanda bir din bilgini ve âlimidir.

Tasavvuf, basit ve yalın bir dille anlatılamayacak kadar karmaşık, uğraşmadan, emek vermeden anlaşılamayacak kadar derindir. Tasavvuf İslam'ın Hakikat ve Marifet bütünlüğü ile birleşip, insanın eline, diline, gözüne, beline ve tüm davranışlarına hâkim olup manevi[1] kemalata ermesidir. Dünyevi arzulardan, hırslardan sıyrılamayan insan ne kadar tasavvuf ile meşgul olmuş görünse de bu uğraşı onu tasavvuf ehli yapmaz.

Ezoterizm, içe kapalı olandır, açık olmayandır. Derin olandır ve hazır olana aktarılabilendir. Hazır olmayanın istese de alamadığı, anlayamadığı ve kullanamadığı bilgidir. Bu bağlamda tasavvuf ve ezoterizm birbirinden ayrı düşünülemez.

Yeryüzünde gördüğümüz her şey gerçekliğin dışavurumudur yani gerçek olanın sadece birer yansımasıdır. İnsanın gerçek olanı bilmesi için mutlaka kendi içine bakıp önce kendisini görmesi gerekmektedir. İşte burada ezoterizm devreye girer ve gerçeğin anlaşılabilmesi için görmek isteyene izler bırakarak, kişiyi uzun bir yola çıkarır. Bu yolun sonunda herkes gerçekliğe ulaşamaz, sadece bilmek isteyen ve görmek isteyen gerçekliğe ulaşabilir. Bu açıdan baktığımızda ezoterizm gerçek olanı görmek ve bilmek de demektir aynı zamanda. Dolayısıyla ezoterizm ve tasavvuf iç içedir.

Ezoterik bilgi herkesle paylaşılamayan bilgidir. Bilgiye ulaşmak, bilgiyi anlamak, kavramak ve kullanmak için insanın hiyerarşik bir sistem içinde adım adım her basamakta bilgiyi alabilecek kapasitede gelişerek eğitilmesi gerekir.

1. Olgunluk, tecrübe.

Tasavvuf insanın önce kendini anlamasını, sonra da kendine fayda sağlamayan işlerden soyutlanmasını mümkün kılarak kişiyi bilgiyle baş başa bırakır.

Türklerin İslamiyet'e geçişiyle birlikte de Türk toplumunun içinde yer alan ezoterik öğeler, İslam ile de birleşince ortaya tasavvuf ilmi çıkmıştır. Türk tasavvufunun yayılmasında İbni Arabi, Hoca Ahmet Yesevi, Mevlana, Yunus Emre, Feriüddün Attar, Hallac-ı Mansur, Hacı Bektaş Veli gibi tasavvufun ekol isimleri önemli roller üstlenmişlerdir.

Tasavvuf, İslam dininin özü ve ruhudur. Doğu felsefesi denilince tasavvuf hep akla gelmiştir ancak tasavvuf aklın ürünü olan felsefenin mistik görünümü değil, vahye oturan İslamiyet'in insan ruhundaki ihtiyaçlara cevap veren bilgilerin düzenli, tertipli ve kusursuz bir toplamıdır.

Tasavvuf, sırlı ve gizemli bir inanış sistemidir. Yani kişinin; Allah'a itaat etmesi, daima O'nun varlığını hatırlayarak hayatını ona göre düzenlemesi, her daim O'nun varlığını hissederek yaşaması, kalbinden ve zihninden O'nu çıkarmadan hem dünya hem ahiret için ahlaklı, dürüst, çalışkan bir şekilde üretimde olması demektir.

Günümüzde tasavvuf denilince birçok kişi büyük yanılgıya düşmektedir. Tasavvufu özlü sözlerden, kıssadan hisse alınabilecek hikâyelerden ibaret görmek çok ama çok yanlıştır.

Eski Cami, Edirne, Hz. Muhammed Lafzı
Fotoğraf: Mesud Topal

Tasavvufun Kökeni

Hz. Peygamber'in Hira Mağarası'nda inzivaya çekilmesini tasavvufun kökeni olarak kabul eder mutasavvıflar. Hz. Peygamber'in inzivaya çekilerek nefsi terbiye ve Allah'a yönelmesi tasavvuf anlayışının da temelini oluşturur. Özellikle tasavvuftaki halvet (Tasavvuf ehlinin inzivaya çekilip ibadet ve zikirle meşgul olması) anlayışı da buradan gelmektedir.

Hz. Peygamber'den başlayan bu anlayış İslam'ın, ilk dönemlerinden beri Müslümanlar arasında yaygınlaşmasına sebep olmuştur. Sahabenin birçoğu dünya nimetlerinden kendilerini soyutlayarak, her daim ibadet ve zikir halinde olan bir hayat tarzı benimsemişlerdi. Ancak o dönem tabii ki tasavvuf ehli, mutasavvıf veya sufi isimleri ile anılmıyorlardı. Tasavvuf İslamiyet'in ilk dönemlerinde günlük hayatın bir gerçeği ve yaşam tarzı olarak zaten benimsenmişti. Sonrasında İslamiyet'in yayılması ve İslam toplumunun gelişmesi ile Felsefi akımların da ilgisini çekmiş ve sonraki dönemlerde tasavvuf ehlinden bazı önde gelen isimler felsefeci olarak tanınmaya başlamıştır. Tasavvufun tarihsel olarak dönemlerine bakarsak dört dönemden bahsetmemiz gerekir:

Hz. Muhammed ve Asr-ı Saadet Dönemi

Hz. Muhammed'in hayatta olduğu ve tek mürşit olarak uyulduğu dönemdir. Adı konmasa bile bu devir; tasavvufun tüm hatlarıyla yaşandığı devirdir. Hz. Ali, Hz. Ebubekir, Hz. Ömer, Ebû Derdâ, Ebâ Zer, Abdullah b. Amr, Bilâl-i Habaşî, Selman-i Fârisî, Süheyb-i Rûmî gibi takva ehli[2] kişiler sonradan yayılacak ve gelişecek olan Tasavvuf ekolünün öncülleri olarak kabul edilecektirler.

2. Güzel ahlak sahibi olmak ve Allah'ın haram kıldığı işleri yapmaktan, günah işlemekten korkmak.

Tabiun Dönemi

Sahabeye tabi olanlar yani onları görenler dönemi. Hz. Muhammed'in vefat ettiği, Kuran-ı Kerim, Hadis ve Kıyas'ın[3] miras bırakıldığı dönemdir. Hasan Basri, Üveys Karani, Said b. Cübeyr gibi isimlerin dönemidir.

Tabei Tabiun Dönemi

Tabiun'dan sonra gelenlerin yaşadığı dönem, yani tabi olanlara tabi olanların dönemi bu dönem özellikler kendisinden sonra gelen döneme çok büyük örnekler ve ekoller bırakan dönem olacaktır. Öyle ki mezhep kurucuları ve fıkıh âlimleri olan İmam-ı Azam Ebu Hanife, İmam-ı Şafi, Ahmed bin Hanbel, Malik bin Enes, Caferi Sadık gibi İslam âlimlerinin fıkhi ve tasavvufi araştırmalarının yoğun olduğu dönemdir.

---

3. İslam hukukunda kıyas, hakkında açıkça hükme varılmış meseleleri sonuçlandırmak için uygulanan bir yöntemdir. Neden-sonuç ilişkisine bakılarak hükme varılır. Daha önce benzeri yaşanmış bir olayda veya fıkhi meselelerde hangi yöntemlere başvurulmuşsa onlar tek tek incelenerek tasnif edilir. Kıyas yönteminde bir diğer önemli husus benzetme yoluyla sonuca ulaşmaktır. Geçmişteki olaylarla o anda cereyan eden olaylar birbirleriyle tam olarak aynı olmasa bile benzer nitelikler taşıyabilir. Bu nitelikler birbirleriyle mukayese edilerek ortak noktalar tespit edilerek, ayet ve hadislere bakılarak en doğru hüküm verilmeye çalışılır.

Sufiler Dönemi

Sufiler dönemi veya ilk sufiler dönemi Tasavvuf düşüncesinin tam olarak isimlendirildiği, yayıldığı ve öğrenilmeye başlandığı dönemdir. İbni Arabi, Hallac-ı Mansur, Bayezid Bestami, Cüneyd-i Bağdadi, Zennuni Mısri gibi isimlerin Tasavvuf'u sistematik bir hale getirdikleri dönemdir. Bu dönemin önemi de şudur, farklı düşünce biçimleri ortaya çıkarak, farklı ekollerle bu dönemden sonra Tasavvuf daha da yaygın bir biçime bürünmüştür, tarikatların ve dergâhların kurulması da bu dönem ve sonrasında olmuştur.

Tasavvuf denilince İslam coğrafyasında akla ilk gelen isimlerden olan İbni Arabi sadece İslam coğrafyasında değil Batı medeniyetinde önemli bir yer teşkil etmektedir. Oxford, Harvard gibi büyük üniversitelerde hakkında sayısız araştırmalar ve incelemeler yapılmıştır. Onu en iyi araştıran ve analiz eden isimlerden biri kabul edilen Osmanlı Devleti'nin önemli simalarından Şeyhülislam Kemalpaşazade[4] İbni Arabi için şöyle demektedir:

> *"İbni Arabi'nin meramını herkes anlayamaz. Onun meramını anlamayana susmak düşer."*

Sırların ve gerçekliğin anlamının herkes tarafından anlaşılamayacağına dikkat çekmektedir.

Yine Tasavvuf âleminin önemli isimlerinden Hallac-ı Mansur da anlamlar üzerine şöyle demektedir:

> *"İnsanların kavrama yeteneği gerçeklikle ilişkili değildir. Gerçeklik de insanla ilişkili değildir. Düşünceler kişiye özgüdür, insanların öznellikleri gerçeklerle bu yüzden ilişkili değildir. Çünkü gerçeğin algılanması zordur. Ancak imkânsız değildir. Ateşin ışığı gerçekliğin bilgisidir. Ateşin sıcaklığı ise gerçekliğin*

4. Kemalpaşazade veya İbn-i Kemal, Osmanlı Devleti şeyhülislamı ve tarihçidir.

gerçeğidir. Bunu anlamak ise gerçekliğin doğrusudur. Bunlar niteliksiz insanın, yanlış yolda yürüyen insanın, tutarsız insanın anlayabileceği şeyler değildir."

İbni Arabi ve Hallac-ı Mansur örneklerinden de gördüğümüz gibi tasavvuf ehlinin meramını anlamak ve bilmek gerçekten çok zordur. Onları anlayabilmek için zor ve elem dolu yollardan geçip kâmil insan mertebesine ulaşmak gerekmektedir.

Anlamak, kavramak ve gerçeği görmek ümidiyle...

TASAVVUFTA KAVRAMLAR

Allah, evren, insan gibi öğeleri bir bütün halinde ele alan Tasavvuf, içine girdikçe derinleşen, zorlaşan bir yol ve kendi içinde birçok kavramı ve sembolleri barındıran bir düşünce ve felsefe biçimidir.

Vahdet-i Vücut

İnsan Allah'ın Bir Parçasıdır

Vahdet-i Vücut; tek olan varlık, varlığın birliği, varlıkta "birlik" anlamlarına gelen bir tasavvuf terimidir. Allah-Âlem ilişkilerini açıklayan bu düşünce sistemi İbni Arabi tarafından ortaya konulmuştur. Ardından gelen bütün tasavvuf ehli bu düşünceyi benimsemiştir. Vahdet-i Vücut düşünce sisteminde tek olan varlık Allah'tır, dünya hayatı ve dünyadaki bütün güzellikler O'nun varlığının sadece bir yansımasıdır. Tasavvuf ehli Allah'a ulaşmayı tek gaye olarak görürler, bu yüzden dünyaya duyulan bütün hırslardan ve sevgilerden arınmak için uğraş verirler. Çünkü gerçek Aşk Allah'a duyulan aşktır. Bunun dışında kalan bütün sevgiler sadece birer yanılsama ve insanı özünden alıkoyan engellerdir. Yunus Emre, Mevlana, Hoca Ahmet Yesevi gibi isimler bu ekolün temsilcileridir. Nitekim Yunus Emre'nin şiirlerine baktığımız zaman o derin anlamları görebiliriz. Ancak ne yazık ki Yunus Emre günümüzde alelade bir şair kisvesine büründürülmüş, şiirlerinin özünde neleri anlattığı ve neleri göstermek istediği hep arka planda bırakılmıştır. Bu sadece Yunus Emre için değil Mevlana için de geçerlidir. Mevlana'yı aşk sözleri yazarı olmaktan ibaret, sevgi dolu bir kaynak gibi gören bir güruh, Mevleviliğin sema aşkını da bir dans olarak görmektedir. Oysa anlamlar daha derin, daha ağır, daha yoğundur. Özellikle günümüz anlayışında Tasavvuf ehlini ve tekkeleri bir dans merkezi, âlem yapılan, gazel atılan bir yer gibi düşünmek tehlikeli ve yanlış bir düşüncedir.

Mürit / Sufi

Benliğini Bırakıp Yola Çıkmak

Teslim olmayan tabi olmaz.
Tabi olmayan yol alamaz.

- Muhammed Saki Haşimi

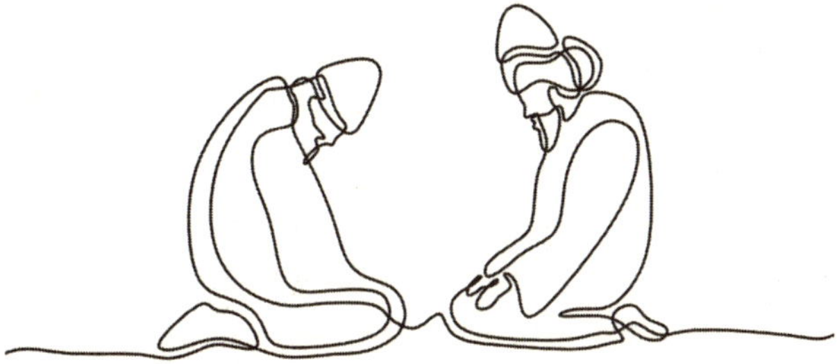

Mürit Tasavvuf yoluna giren ve bunu yaşam tarzı olarak benimseyen kişilere verilen addır. Sufi ile aynı anlamlara geldiği söylense de öyle değildir. Mürit yolun başındaki kişilere verilen isimdir. Onlar henüz bu mücadelenin başındadır ve yolda yürümeye çalışanlardır. Bu açından baktığımızda, Mürit hayat tarzını Allah'a yakın olmak olarak benimseyen ve Allah'ın rızasını kazanmaya çalışan kişilere denilir. Sufi ise hayatla olan mücadele savaşını vermiş, bütün hırslardan, dünyevi amaçlardan kurtulmuş ve kâmil insan mertebesine ermiş kişidir.

Sufi terimi Hz. Peygamber döneminde Ashabı Suffe ismiyle anılan, Mescidi Nebevi'nin yanında

Suffe Mescidi'nde yaşayan kişilere takılan isimden gelmektedir. Ashabı Suffe, Hz. Peygamber'in meclisinin müdavimi insanlardı. Kendisi de bir Ashabı Suffe olan Ebu Hureyre[5] onları şöyle tarif etmektedir: *"Ne sığınacak aileleri, ne malları, ne de kimseleri vardı. Peygamber efendimiz kendisine gelen yardımları suffa ehline gönderir ve sürekli onlara yardım ederdi."* Suffe ashabı Peygamber'in özel olarak eğitim verdiği ve muallimlerin yetiştiği bir meclisti. Ve Hz. Peygamber İslam daveti için göndereceği muallimleri bunların arasından seçerdi. İşte Sufi terimi böyle bir ekol ve anlayışın temelinden gelmektedir. Kendini adamak, kendini bilmek, kâmil insan mertebesine erişip Allah'a ulaşmak.

Cüneyd-i Bağdadi Sufi'yi *"Sufi toprak gibidir. Kötü olan her şey onun üzerine atılır, fakat ondan, güzelden başka bir şey çıkmaz. Yer gibidir, iyisi de kötüsü de ona basar. Bulut gibidir her şeyi gölgelendirir. Yağmur gibidir her şeyi sular"* diyerek tarif etmektedir.

Kettani[6] ise *"Görünüşte kul, hakikatte ise hür olandır"* diye tarif eder sufi kişiyi. Örnek verdiğim tariflerden

5. Ebu Hureyre, Yemen asıllı sahabe. Gerçek adı bilinmemekle birlikte Müslüman olmadan önceki adının Abdüamr, Sükeyn, Abdüşşems olduğu yönünde farklı rivayetler vardır. Sahipsiz kedi yavrularını besleyip büyütmesinden dolayı Kedicik Babası anlamına gelen Ebu Hureyre ismiyle anılırdı. Aynı zamanda İslam tarihinin en fazla hadis rivayet eden hadis nakilcilerinden biridir.

6. Adı Muhammed b. Ali b. Cafer, künyesi Ebû Bekir, nisbesi Kettâni'dir. Keten işiyle meşgul olduğundan "Kettânî" lakabı ile anılırdı. Yaşadığı dönemin ve İslam tarihinin büyük âlimlerinden biridir.

de anlaşılacağı üzere Sufi dünyadan elini ayağını çeken, görüneni değil, görünmeyeni arayan bir yolcudur.

Çıktığı yolun adı Tasavvuf'tur ve bu yol zorlu, meşakkatl,i herkesin cesaret edip yürüyebileceği bir yol değildir.

Sufilerin amacı kâmil insan olmaktır. Kâmil insan Allah'a ve kâinattaki tüm varlıklara saygı ve sevgiyle yaklaşan insandır. Bu da ancak tüm güzel vasıfları üzerinde toplayıp kâmil insan makamına ulaşmakla olur. Bu yüzden Tasavvuf için *Allah'ın ahlakıyla ahlaklanmak* da denir. Bunlar bu yola inanmayan, bu yolu reddeden, hakir gören, yok sayan insanların anlayacağı şeyler değildir.

Mürşit

Doğru Rehberle Hedefe Ulaşmak

"Mürşide teslim ol demek, nefsinin keyfine değil,
Allah yolunda önündeki rehbere hak yolunda uy ve
kurtul demektir."

- İmam-ı Gazali

Mürşit belli başlı kurallar doğrultusunda müritleri doğru yolda tutan, yürüten hedefe ulaştıran kişi demektir. Tasavvufta mürşit ve mürit çok önemli bir yer tutar. Hiçbir tasavvuf ehli bu yolda kendi başına yürümemiş, bu yolu kendi imkânlarıyla aşmamıştır. Çünkü bu yolun zorluğu insan için bir yol gösteren olmasını zorunlu kılar. Bu bir nevi Usta-Çırak ilişkisidir. Tasavvufun önemli isimlerinden Mevlana kendi başına o mertebeye ulaşmadı. Bu yolun sırrını ona veren mürşidi Bahaeddin Veled idi. Sadece o da değil, Seyyid Burhaneddin olarak bilinen diğer adıyla Seyyid Sırdan[7] Mevlana'nın en önemli mürşitlerinden biriydi. Öyle ki Seyyid Burhaneddin'e Sırdan denilmesi insanların kalplerine dokunabilen ve Tasavvuf yolunun sırlarını bilmesinden gelmektedir. Yine Mevlana'nın Şems ile olan arkadaşlığı bir Mürşit-Mürit ilişkisinin en önemli örneklerinden biridir.

Seyr-i Süluk

Kendini Bilmek

Seyr-i Süluk Tasavvuf'ta bir disiplin anlayışı ve irade terbiyesidir. Eğitim görmeden, okumadan, araştırmadan âlim olunamayacağı gibi tasavvufun zorlu yollarından ve mertebelerinde de geçmeden sufi olunmaz.

7. Anadolu velilerinin büyüklerindendir. Hazreti Hüseyin'in torunlarındandır. Kıymetli düşünceler ve tevazu sahibi biri olduğu için "Seyyid-i Sırdan" denmekle meşhur olmuştur.

Tasavvufta nefsi terbiye, sabır, tevekkül gibi kavramları öğrenip onları uygulayıp zorlu ve uzun bir süreçten sonra Sufi'ler hakiki anlamda bir mürşit yani yol gösterici olabilirler. Bu yolculuk tasavvuf yoluna giren her kişi için farklıdır. Kimisi bu yolu kırk günde, kimisi kırk yılda, kimisi ise bir ömür sonunda alır.

"Seyr" sözlükte gezmek "Süluk" ise yürümek ve gitmek anlamlarına gelmektedir. Tasavvufta kavram olarak ise "Seyr" kişinin güzel ahlakla bezenip hak yoluna girmesidir. "Süluk" ise bu yolun ve yolculuğun disiplin eğitimidir. Tasavvuf ekolünde bu iki kavram bir tutulmuş ve ikisinin de birbirinden ayrılamayacağı söylenmiştir.

Seyr-i Sülük, insana Allah tarafından bahşedilen ancak insanın keşfedemediği özellikleri ortaya çıkaran manevi bir yolculuktur. Bu süreci tamamlayan kişi sonunda Kâmil İnsan mertebesine ulaşır. Zaten bu mertebe Tasavvuf yolunun nihai amacıdır. Mutasavvıflar *"Kim kendisini bilirse, Rabb'ini bilir"* hadisi şerifini kendilerine düstur edinip Seyr-i Süluk için bu hadisi şerifi mana saymışlardır.

Dergâh

Kendini Dünyadan Uzaklaştırmak

Farsçada iki kapı arasındaki boşluk, kapı, eşik, sığınılacak yer anlamlarındadır. Tarikat mensubu şeyhlerle, dervişlerin ikametgâhı olan büyük tekkelere dergâh denir. Hürmeti artırmak için şerif sıfatı eklenerek Dergâh-ı Şerif veya Tekke de denilir. Kelime hafifletilerek "dergeh" şeklinde de telaffuz edilir. İslam âlimlerinin ve tasavvuf ehlinin müritlerine eğitim verdikleri yer olan bu yapılar aynı zamanda fen ilimlerinin de bir eğitim yuvası olmuştur. Yapı itibari ile tasavvuf ehlinin en önemli merkezlerinden olan dergâhlardan günümüzde de varlıklarını sürdürenler vardır.

Aynı zamanda tarikatların merkez tekkesi için asitane terimi tercih edilirken bazen de Mevlevilikte olduğu gibi büyük mevlevihanelere asitane, küçüklerine zaviye adı verilmiştir. Kadirihane, Gülşenihane, Kalenderhane, Mevlevihane gibi bağlı bulunduğu tarikatın ismini alan tekkeler de vardır. Büyükşehirlerde ve kervan yolları üzerinde inşa edilen tekkelerde tasavvufi eğitimin yanında han, imaret ve kervansarayların gördüğü hizmet de yürütülmekteydi. Tekke mensupları sosyal yardımlaşma ve dayanışmayı güçlendirirken devlet yöneticileriyle yakın ilişkiler kurmuştur. Sosyal hayatın içinde aktif rol oynayan bu yapılar başlı başına aktif bir eğitim yuvalarıdır, öyle ki kütüphanelerin gelişmesi de bu yapılar sayesinde olmuş ve yaptırdıkları kütüphaneler ile geriye birer miras bırakmışlardır.

Fenafillah
Allah Yolunda Yok Olma

"Ete kemiğe büründüm
Yunus diye göründüm."
- Yunus Emre

Tasavvufun en önemli kavramlarından biri olan fenafillah "yok olmak, ölmeden önce ölmek, tek olana kendini adamak" anlamına gelir. Tasavvufa göre evrende tek olan varlık Allah'tır, O'nun dışında kalan her şey ise o'nun birer yansımasıdır. İnsan er geç O'na dönecek ve bir olana ulaşacaktır. Bu makam öyle bir makamdır ki kendini adayanın içinde boğulacağı kaybolacağı bir mertebedir. Buna en iyi örnek Hallac-ı Mansur'un "Ene-l Hak" feryadında görmekteyiz. "Ene-l Hak" kişinin benliğinden geçip bir bütüne ilerlemesi ve orada kendiyle buluşmasıdır. Yani her şey O'ndan geldi ve her şey yine O'na dönecektir. Çünkü insan sevdiği şeylerden geçmeden kendi hakikatine ulaşamaz.

Eşyadan, insandan, tabiattan ve nefisten geçemeyen insanın O'na ulaşabilmesi ve gerçekle aydınlanması mümkün değildir ve olmayacaktır da. Fenafillah makamı bu açıdan baktığımızda tasavvuf için ve tarikat ehli için çok önemli bir makamdır. Günümüzde içi boşaltılan ve anlaşılmakta zorluk çekilen bu meseleler üzerinde basitçe durulacak ve alaya alınacak meseleler değildir. Günümüz kişisel gelişimcilerinin veya kendisini tasavvuf yazarı zannedenlerin eğip büktüğü, kendilerine göre anlamlar çıkarmaya çalıştığı tasavvufu basit bir kişisel gelişim veya felsefi ekol olarak görmeye çalışmak ahmaklıktan başka bir şey değildir.

Zübde-i Âlem

İnsan Kâinata Denktir

Zübde-i Âlem için Tasavvuf'un en önemli dayanağıdır diyebiliriz. Zübde kelimesi çekirdek, öz anlamına gelmektedir. Âlem de dünya, kâinat, evren ve kâinatın özü anlamlarına da gelmektedir. Tasavvuf'ta Zübde-i Âlem insan kâinatın özü demektir. Kâinatta ne varsa, insanda da aynı ölçüde vardır. Yani buradan anlaşıldığı gibi kâinat ne ise insan da odur. Şeyh Galip Zübde-i Âlem'i şöyle tarif eder:

"Ey gönül, ey gönül, neden bu kadar kederle dolusun? Yıkıksın, viransın, üzgünsün ama gizli bir definesin sen. Meleklerin secde etmeleri emredilen yüceltilmiş bir varlıksın, senin bildiğin gibi değil, her varlıktan daha olgun daha ilerisin sen. Ruhsun, Cebrail'in üfürmesiyle ikizsin, Yaratıcı'nın sırrısın, Meryem'in oğlu İsa gibisin. Kendine güzelce bir bak, âlemin özüsün sen, varlıkların gözbebeği insansın sen. Dönüp gideceğin yer her şeyi yaratandır, eşyaya gideceğini zannetme. Gördüğün gerçekleri sakın ola rüya sanma, sen bambaşka bir varlıksın; kendini her sureti kabul eden korkunç bir hayalin büründüğü suret zannetme. Keşifle gerçekliği meydana çıkan manayı da davan sanma, senin için söylenen vasıfları gözüne girmek için söylenmiş sözler zannetme. Kendine güzelce bir bak, âlemin özüsün sen; varlıkların gözbebeği olan insansın sen. Sırrını inleyip de sakın herkese açma; bilmezlikle inkâr çukuruna düşmekten sakın. Ahların, sakın, sevgiline değmesin, sonra Mansur gibi darağacına çıkarsın. Kendine güzelce bir bak, âlemin özüsün, varlıkların gözbebeği olan insansın sen.

Tıpkı Şems gibi, Mevlana'yı isteyerek yola koyul, yol almaya bak. Gönlünü arıt, nefsine hükmet.

Kendine güzelce bir bak, âlemin özüsün sen, varlıkların gözbebeği olan insansın sen."

Şeyh Galip[8] Zübde-i Âlem üzerinden insanı böyle yorumlayıp bir nevi insanın özünü kaybetmemesi gerektiğini söylemektedir. Bu noktada Tasavvuf çok önemlidir. Çünkü Tasavvuf insanın özüne doğru koyulacağı yolun adıdır. Ancak burada kişisel gelişimcilerin ya da onlarca kitap yazıp tasavvufu çözdüklerini zannedenlerin bahsettiği bir öze yolculuktan bahsetmiyoruz. Bu yol meşakkatli, zorlu ve bu yola girenin her şeyden vazgeçmesini gerektiren yolculuktur. İnsan bu yeryüzünde nefis ile mücadele için gelmiştir, bu

8. Galib Mehmed Esad Dede veya tanınan kısa adıyla Şeyh Galib, Türk Divan Edebiyatı şairi ve mutasavvıf.

mücadeleden galip çıkan olmak için her dem dosdoğru yol üzerinde olmalıyız.

Takva

Kalbi Allah'tan Uzaklaştıran Her Şeyden Sakınma Sanatı

"Takva sapasağlam bir kaledir."

- Hz. Ali

Tehlikeden korunmak, sakınmak gibi manalara gelen Takva, tasavvufi olarak kalpleri günahlardan ve boş işlerden arındırıp Allah'a itaat etmek ve Allah'tan alıkoyan her şeyden uzak durmak demektir. Aynı zamanda Tasavvuf ehli tarafından ahde vefa diye de tanımlanmaktadır.

Seyyid Şerîf el-Cürcânî Takva'yı *"Allah'a sevgiyle itaat ederek gazabından sakınmaktır, bu da ancak nefsi korumak suretiyle gerçekleşir"* diye açıklamaktadır.

Takva sahibi olmak ileride alacağın daha büyük bilgileri hak etmek için çok gerekli.

Takva sahibi olmayan insana büyük bilgiler verilmez. Üst sınıfa geçemez. Kendisini kötüden koruyamayan, bu refleksi geliştiremeyen, iradesini terbiye edememiş bir öğrenci bir üst sınıftaki bilgiyi almaya hak kazanamaz.

Sıdk

Doğruluk Üzere Yaşama Sanatı

"Doğruluk emanet, yalancılık ise hıyanettir."

- Hz. Ebu Bekir

Doğruluk, gerçeklik ve kalbin temiz olması gibi anlamlar ifade eder. İslam âlimlerinin peygamberlik sıfatı saydığı bir özelliktir. Söz, fiil ve davranışlardaki insanın içi ve dışının birbirine uygunluğu demektir. Gazali'ye göre sıdk, hem lisanda, hem niyet ve iradede, hem de azim ve amelde olmalıdır. Bunlardan niyet ve iradedeki sıdkın adı ihlastır. Kendisine verilen emanete, işe, sırra sahip çıkmak, güvenilir olmak demektir. Peygamber'in de en önemli özelliği olan sıdk tasavvuf için de çok önemli bir kavramdır. Sıdk ve İstikamet tüm ahlaki kuralların üzerinde en önemli iki kuraldır. Kuran-ı Kerim'de de ibadetlerini dosdoğru yapanlar, malını Allah yolunda harcayıp ihtiyaç sahiplerine dağıtanlara, doğru söyleyenlere, yalandan sakınanlara, emanet ihanet etmeyenlere "Sadıklar" denilmiştir. Yani doğru yol, istikamet üzerinde olanlara kurtuluş vaat edilmiştir. Nitekim Hz. Muhammed (s.a.v.) Müslüman'ı tarif ederken *"Müslüman, insanların dilinden ve elinden güvende olduğu kişidir. Mümin de insanların malları ve canları hususunda kendisine güvendiği kişidir"* diyerek sıdk kavramının önemine dikkat çekmiştir.

İhlas
Amellerin Ruhu

"İhlas, Allah ile kul arasında bir sırdır."

Tasavvufta ihlas, sıdk ile bağlantılı bir kavramdır. Kuran-ı Kerim'in, dolayısıyla da İslam'ın temel kavramlarından biri olan İhlas'ın sözlükte anlamı; bir şeyi saf ve katıksız yapmak demektir. Tasavvufta ideal insanın da olmazsa olmaz özelliğidir. Kavram kulun ne yapıyorsa bunları Allah için yapması, ona başkalarını hiçbir surette karıştırmamasıdır. Kötü olan işlerden uzak durmak, ibadette ve istikamette Hakk'ın rızasını gözetip menfaat beklememektir. İhlaslı insan olmak, ulaşılması zor ve meşakkatli bir mertebedir. Şöyle ki kendisini ihlaslı bir insan olarak görmek, ihlas eksikliğinin de bir belirtisidir. Tasavvuf'ta sıdk kavramı ile birlikte ele alınan ihlas kavramı kişinin niyetindeki sıdk ve istikamet kavramı ile iç içe sayılmıştır. İhlas kelime anlamı olarak "yürekten bağlılık ve temiz sevgi" anlamına gelmektedir. İbadet ve davranışları yalnız Allah'a has kılarak yapmak, başka düşüncelerden temizlemektir. Tevhit inancının özüdür. Allah'ın emir ve isteklerine uymak, koşulsuz şekilde ibadet etmek olarak ihlas sahibi manası çıkarılmaktadır. İhlas sahibi kişiler ibadetlerini samimiyetle yapar ve gönülden temiz bir sevgi bağı hisseder. Tasavvufun gayesi ihlası elde etmektir. Hakiki kurtuluşu elde etmek için ihlas Tasavvuf'un en önemli kavramlarından biridir. Çünkü amellerin ruhu ihlasa dayanır. İhlas olmadan yapılan amellerin faydası olmaz. Bu açıdan baktığımızda İhlas'ın niyet ile de ilişkisi vardır. Niyet insanın yapacağı eylemin dürtüsüdür. Yapılacak olan işi ne için ve neden yaptığının cevabıdır. İhlaslı olan kişi yaptığı her şeyi katıksız ve en saf hali ile yapar. İşi yapacağı zaman niyeti bellidir, niyetinden hiçbir zaman şaşma yaşamaz. Tasavvuf ehli ihlası Allah ve kul arasındaki sır olarak tanımlar. Bu sırrı melek bilmez, şeytan bile bilmez ki kişinin yapacağı işi de bozamaz. İhlas ile yaşayan insanın dili ve davranışları da ona göre şekillenir ve hayatının her aşamasında dokunduğu insanlarda derin izler bırakırlar.

Sabır

Zorluklara Göğüs Germek

"Sabır öyle bir iptir ki, sen kopacak sanırsın,
o gittikçe güçlenir.
Sen bitecek sanırsın, o gittikçe çoğalır."

- Mevlana

Sabır zorluk ve sıkıntılarda sızlanmamak demektir. Sabır bir tasavvuf kavramı olduğu gibi aynı zamanda da ahlaki bir kavramdır. Sabır kişinin hem yaptığı işlerde hem de kendisinin gücünün yetmediği yerlerde başına gelen zorluklara direnme gücünü ifade eder. Zorluklar karşısında cesur bir şekilde durmak o zorluklardan korkmamak demek değildir. Zira zorluklardan korkmamak küstahlık demektir. Sabır zorluklardan korktuğun halde bu zorluğu yenecek gücü kendinde bulmak ve mücadele etmektir. Çünkü sabır zorlukları yenme gücünün kişinin kendisinde bulabilmesine dayanan bir olgudur. Sabır insana has bir sıfattır, içerisinde bütün insani halleri, amelleri ve ahlakı içerir. Bu açıdan baktığımızda hiçbir şey sabrın dışında değildir, her şey sabırla iç içedir. İnsani bütün huyların temeli sabırdan geçer.

Hz. Eyüp'ün hastalanması, sabrı ve yeniden sağlığına kavuşması konusu birçok sözlü ve yazılı kaynakta yer alır. Eyüp Peygamber'in hayatını anlatan farklı rivayetler olsa da sabrı ile ilgili hikâye ise genel olarak şöyle özetlenir:

"Cenab-ı Hak, yöre insanları arasında seçkin bir kulu olan Hz. Eyüp'ü peygamberlikle görevlendirir. Onu ve ailesini maddi ve manevi bakımdan çok zenginleştirir. Ona birçok evlat verir, malına, davarlarına bereket girer. Birçok köyü, bu köylerde bereketli toprakları ve sürülerce davarı olur. Böylece bölgenin hatırı sayılır zenginlerinden biri olur. Allah-ü Teâlâ, onu imtihan için, önce malını ve davarlarını, sonra tüm evlatlarını elinden alır. Varlıklar içerisinden yokluklar içerisine, sefil bir hayata sürüklenir. O ise "Veren Allah, alan Allah" diyerek, isyana, hüzne girmeden haline şükrederek sabreder. Sarsılmaz bir imanla metanetini kaybetmez, ibadetine devam eder. İhtiyarlık çağında ağır bir hastalığa tutulur. Her tarafı yara bere içinde kalır. Çevresindeki uzak, yakın akrabaları bulaşıcı bir hastalığa tutulduğuna kani olup, onu bir bir terk ederler. Böylesi bir durumda, şeytanın musallat olup kalbine vesvese koymak istemesi bu yüce insanı asla sarsmaz. İbadetinden ve zikrinden alıkoyamaz. Vücudunun her tarafı yara bere içerisinde olduğundan vücudunu kurt kaplar. Ne zaman ki kurtlar kalbine sirayet etmeye çalışınca bu aziz peygamber Allah-ü Teâlâ'ya sığınarak dua eder. Cenb-ı Hak, sevgili kulu Hz. Eyüp'ün duasını kabul eder. Topuğunu yere vurmasını, çıkacak olan su ile yıkanmasını ve bu soğuk suyu içmesini emir eyler. Hz. Eyüp ilahiyi yerine getirir ve topuğunu yere vurur, mucizevi soğuk bir su fışkırır. Hz. Eyüp bu serin sudan yıkanıp içerek vücudunun hem içini, hem dışını onunla temizler. Böylece hastalıklardan kurtulur."

Kuran'da insanın sabırsız, aceleci ve tahammülsüzlük gibi olumsuz özelliklere sahip olduğu belirtilmektedir. Ancak Hz. Eyüp her tür insani zaaflardan uzak bir tavır sergilemiş, hastalık ve musibetlere sabır ve dua ile karşı koymuştur. O halde inananlara düşen, zamanının en faziletlisi olan bir peygamberin başına ne kadar büyük dertlerin geldiğini düşünmek, başına gelenlerin Allah'ın kulunu hakir görmesinden kaynaklanmadığını bilmektir. Konunun diğer boyutu da hastalık ve musibetin insanı itikadi açıdan bir çıkmaza sürükleyebileceğidir. Hz. Eyüp'ün duası, konunun önemine işaret etmekte; sağlık ve sıhhati kaybetmekten daha büyük musibetin, inancını kaybetmek olduğuna işaret etmektedir. İnsan hastalık ve musibetle karşı karşıya olduğunda "Niçin ben?" diye sorarken, sağlık ve nimet içinde yaşarken kendisine bu soruyu sormaz. O halde doğru olan, hastalık ve musibet zamanında da böyle cevapsız bir sorunun peşinde koşmamaktır. Hz. Eyüp gibi sağlığı verenin de hastalığı verenin de O olduğunun bilinci içinde olmak; O'nun, zorlukların arkasına gizlediği kolaylıkları, musibetlerin arkasına gizlediği nimetleri düşünmektir. "Allah, hüküm verenlerin en üstünü değil midir?" (Tin, 95/8)

Yüce Allah Kuran-ı Kerim'de "İnsanlar imtihandan geçirilmeden sadece iman ettik diyerek kurtulacaklarını mı sanıyor?" diye sorar. Nitekim yine başka bir ayette "İşte onlara sabretmelerinden ötürü mükâfatları iki kat verilecektir. Bunlar kötülüğe iyilikle mukabele eder ve kendilerine verdiğimiz rızıklardan Allah yolunda harcarlar" diyerek imtihan kavramı üzerinden bizlere sabrı öğütlemiştir. Bu açıdan baktığımızda sabır başımıza gelen talihsiz olaylar karşısında cesaret gösterip mücadele etmek, isyan etmeden sükût içerisinde içinde bulunduğumuz durumu kabullenip çözüm yollarını aramak demektir. Sabır kavramını tasavvufi açıdan ele aldığımızda ise; acılara dayanmak, sızlanmamak, tasavvufi tabir ile "acıyı bal eylemek"tir. Çünkü insan olarak acılar ve musibetler karşısında âciz varlıklarız ve başımıza gelen her musibeti ve olumsuzluğu ancak sabır ile aşabiliriz. Bu yüzden sabır kavramı hayatta karşılaştığımız zorluklarla başa çıkabilmemiz için önemli bir kavramdır. Tasavvufta "acıyı hapsedip, nefsi susturmak" anlamlarına gelen sabır şikâyet etmemek demektir. Tasavvuf ehlinin en önemli özelliklerinden birisi hiç kuşkusuz budur. İnsana verdiği özgüven ile sabır depresyonun etkilerini de en aza indirgemektedir. Sağladığı manevi enerji ile insanı korkularından soyutlayıp üzerindeki gerilimi de atar.

Mevlana *Mesnevi* eserinde şöyle bir hikâye aktarır:

Küçük bir fare büyük bir devenin yularından tutmuş, kurula kurula gidiyordu. Deve, kendi huyu, uysal tabiatı yüzünden, onunla yol alıp giderken fare, kendi küçüklüğünü göremeden: *"Meğer ben ne müthiş bir pehlivanmışım, develeri sürükleyebilecek bir yiğitmişim!"* diye böbürleniyordu.

Gide gide bir nehrin kenarına geldiler. Nehri gören fare, kibrinin şaşkınlığı içinde donup kaldı. Onun kibrinin farkında olan deve ise, manidar bir şekilde, "Ey dağda, ovada bana arkadaşlık eden! Neden durakladın? Neden böyle şaşırıp kaldın? Haydi, yiğitçe nehrin içine gir. Sen benim kılavuzum, öncüm değil misin? Yol ortasında böyle şaşırıp kalmak, sana yakışır mı?" dedi.

Fare korkak bir şekilde kekeleyerek şöyle cevap verdi:

"Arkadaş! Bu su pek büyük, pek derin bir su; boğulurum diye korkuyorum."

Deve suyun içine girip: "Ey ahmak! Su diz boyu imiş, korkmana gerek yok!" diye karşılık verdi.

Fare tedirgin ve şaşkın bir şekilde: "Ey deve! Nehir sana göre karınca, bize göre de ejderha gibidir. Çünkü dizden dize fark vardır. Benimki gibi yüz tane dizi üst üste koysak, ancak senin bir dizin eder."

Bunun üzerine akıllı deve fareye şöyle dedi: "Öyleyse, gurur ve kibre aldanıp bir daha terbiyesizlik etmeye kalkma; haddini bil! Boş işlere dalıp kendini üstün görüp şımarma; çünkü Allah şımaranları sevmez! Var git sen kendi boyun farelerle ölçüş."

Artık, iyiden iyiye gerçeği anlayıp utanan fare. "Tövbe ettim, çok pişman oldum. Allah rızası için sudan beni geçir!" diye yalvardı.

Böylece deve, yine merhamet etti ve: "Haydi! Sıçra da hörgücümün üstüne çık, otur! Bu sudan geçmek veya başkalarını geçirmek benim işimdir. Görevim senin gibi yüz binlerce âcize hizmetten ibarettir" dedi. ve ve fareyi nehrin öbür tarafına geçirdi.

Mevlana'nın *Mesnevi* eserinde anlatılan bu hikâyede fare kendisine verilen işten dolayı kibirlenen, gururlanan, herkesten kendini üstün gören kişinin sembolüdür. Deve ise her zaman akıl ile düşünüp sabreden ve yaptığı işlerde hata yapmayan kişinin sembolüdür. Mevlana *Mesnevi* eserinde çıkarımlar yapacağımız ve üzerinde düşüneceğimiz hikâyeler aktararak insanlara doğruyu göstermeyi rehber edinmiştir. Bu açıdan bakıldığında rahatlıkla şunu söyleyebiliriz ki Sabır Tasavvuf ehlinin en önemli hasletlerinden biridir. Sabır nedir bilmeyen insanın anlayabileceği veya tahammül edebileceği bir yol değildir bu yol. Çünkü kendi benliğinden kurtulmayıp kibir, gurur ve ne oldum fikri bir insana bu hayatta en zarar veren yanılsamalardandır. İnsan kendi halini ve durumunu bilip ona göre sakin ve hoşgörülü bir hayat sürmelidir. En mühim mesele kendimizi dosdoğru tanımaktır...

Tevekkül
Allah'a Güvenmek

"Tevekkül, bütün dünya bir araya gelip engellemeye çalışsa bile Allah'ın senin için takdir ettiği şeyin sana ulaşacağına, bütün dünya bir araya gelip sana yardıma çalışsa bile Allah'ın senin için takdir etmediği bir şeyin sana ulaşmayacağına inanmandır."

- İmam-ı Gazali

Tevekkülün lügat anlamı "güvenmek ve dayanmak"-tır. Terim olarak ise "hedefe ulaşmak için gerekli olan maddi ve manevi bütün çabayı gösterdikten sonra Allah'a güvenip işi Allah'ın takdirine bırakmak" demektir.

Örnek olarak bir zanaatkâr işi için önce çalışıp üretecek ve bunun sonucunu alabilmek için Allah'a güvenip sonucunu bekleyecektir. Tevekkül eden kişi Allah'a itaat edip, gerçekleşecek olan güzellikleri O'ndan bilip, beklediğinin gerçekleşmesini Allah'a havale etmekle mükelleftir. Ancak kadere inanıp, tevekkül etmek ve mücadele etmeden, çalışmadan istediğim iş olsun, kaderimde varsa olur, olmazsa da kaderimdir anlayışı tembellikten başka bir şey değildir. Zaten böyle bir anlayış İslam'ın tevekkül anlayışına da uymayan yanlış bir düşünce biçimidir. Tevekkül inancın ve teslimiyetin en güzel örneklerinden biridir. Nitekim Kuran-ı Kerim'de

Âli İmran Suresi'nde yüce Allah bizlere şöyle buyurmuştur: "Kararını verdiğin zaman, artık Allah'a dayan ve güven. Çünkü Allah, kendisine dayanıp güvenenleri sever." Buradan anlaşıldığı gibi tevekkül elinden gelen her şeyi yapıp gerisini Allah'a havale etmektir.

Zikir

Allah'ı Hatırlamak

"Kalpler ancak, Allah'ı zikretmekle huzura erer."

- Rad 28

Unutmamak, hatırlamak, zihinde tutmak, yâd etmek, anmak demektir. Kuran'da zikir genellikle lügat anlamlarına uygun şekilde Allah'ı anmak, O'nu daima hatırlayıp hiç unutmamak manalarında kullanıldığı gibi "namaz" ve "Kuran" gibi anlamlarda da kullanılmıştır. Zikrin fazileti hadislerde de övülmüştür. Tasavvuf erbabı, ayet ve hadislerin aydınlığında zikri, tarikatların "üssü'l-esas"ı saymışlardır. Zikir kulun Rabb'ine yaklaşmasını sağlayan en büyük ibadet olarak nitelenmiştir. Ancak zikrin gizli veya aşikâr yapılışı hususunda farklı görüş ve uygulamalar ortaya çıkmıştır.

Tarikatlar, tarihi seyri içinde ferdi ve toplu zikre büyük önem vererek, bunun icra şekli konusunda değişik usuller geliştirmişlerdir. Toplu zikre genellikle sema, ayin, hadr gibi; ferdi zikir türleri de lisanın, kalbin, hafinin, ahfanın, sırrın zikri gibi adlar almıştır. Tasavvuf temelinde sonsuz varlığa ulaşma ulaşma mücadelesidir. Bu iki boyut içermektedir. Birincisi Sufi'nin kendi varlığını Tanrı karşısında yok edip, benliğinden tamamen ayrılmasıdır. Sadece bu yol ile ego, benlik, zihin bilinci kırılabilir. Böylelikle kendi sahte benliğinden sıyrılır yerine sonsuz bilinç yerleşir. Hallac-ı Mansur'un "Ene-l Hak" ile başlayıp onu idama götüren süreç buna en net örnek olarak gösterilebilir. İkinci boyut ise sufinin kalbi bir zikir ile nefsini terbiye etmesidir. Bunu da sadece nefis mertebelerini tanıyarak ve kendisine bir mürşit tarafından uygun bir zikrin verilmesiyle olur. Tasavvuf ehlini yüksek mertebelere ulaştıran ve yolculuklarının en önemli detayı zikirdir. Çünkü Tasavvuf felsefesinde zikir karanlığı aydınlatan bir fenerdir.

Zikir ile sufiler gaflete düşmekten kurtulur, zaten zikir gaflete, nefis arzularına, benliğe düşmemek için verilen bir mücadeledir. Zikir devam ettikçe sufinin benliği, hayata bakış açısı, davranışları da değişir ve hayata, insanlara kâmil insan gözüyle bakmaya başlar. Çünkü zihin neyi anarsa insan o halde yaşar. İnsanın neyle meşgul olduğu bu yüzden çok önemlidir. Zikrin amacı saf ve duru bir gönle, kalbe, hakkı batıldan ayırabilme kudretine sahip olabilmektir. Zikir devam ettikçe kişinin gelişimi de devam eder ve yaratılışın özünü kavramaya doğru gidilen yolda sürekli yeni şeyler öğrenilir ve nefisin mertebeleri teker teker atlanır.

Tasavvuf felsefesinde en yüce varlık ve tek gerçek yaratıcıdır. Allah'tan başka herhangi bir varlık sadece bir gölgedir. Tasavvuf yolunda bu yüzden zikir çok önemlidir. Tam bir kalp ve zihin teslimiyeti ile istikametini Allah'a çevirmek ve O'nun dışında kalan her şeyden el çekmek kişiye gerçek bilginin kapılarını aralar. Ancak bu yolculuk kolay bir yolculuk değildir. Zihin insana sürekli vesveseler vererek nefis ile farklı istekler, düşünceler ve arzularla kişiyi bu yoldan alıkoymaya çalışır. İşte zikre devam etmek ve kendini adamak bunlardan bir süre kişinin kurtulmasını da sağlar.

Sürekli en yüce varlığı zikretmek kişiyi dağınıklıktan, dalgınlıktan temizleyerek yolun önündeki engelleri de kaldırır. Bu yolculuğun varılacağı yer ise kâmil insan mertebesidir.

Zikrin gerçek manada yapılabilmesi zihnin tamamen saf bir odaklanması ile olur. Bazı zikirler sesli, bazıları ise sessiz yapılmaktadır. Burada önemli olan tek meşguliyet zikir olmalıdır. Zikir tekrarlandıkça zihinde muhteşem bir etki meydana gelir ve kişi muazzam derecede hafifler, bu öyle bir deneyimdir ki tamamen sakinlik üzerine kurulu olup o an kişiye her şeyin önemsiz olduğu hissiyatını verir.

Zikir devam ettikçe zihinde başlayan etki bütün vücuda yayılır. Yapılan zikirden zevk almaya başlama noktasında ise kişi kendisinden ciddi manada soyutlanmaya başlar. Ancak bu noktaya gelebilmek tamamen odaklanmayı gerektirir. Çünkü zihin en ufacık bir boşluğu bile kabul etmez, bütün duyular ile zikre yoğunlaşmadan bu hal ortaya çıkmaz. Bu halin ortaya çıkması sürekli tekrarlanan zikrin anlamı akıldan çıkarılmamalıdır, o da Hak'tan başka gidilecek yer yoktur. Zikrin nihai amacı da budur. Zikir sürekli bir halde düzenli bir şekilde devam ettikçe böylelikle kişinin iç değişimleri de başlar. Bu yüzden Tasavvuf ehli "Unuttuğun zaman Rabb'ini hatırla" ayetini kendilerine zikir yapmanın temel ilkesi olarak kabul etmişlerdir.

Murakabe

Her An Allah'la Beraber Olmak

"Nerede olursanız olunuz, Allah sizinledir."

- Hadid 4

Murakabe Arapçada "gözetlemek" anlamına gelen rakabe kökünden türetilen tarikat, tasavvuf pratiğidir. Kulun yüce Rabb'inin onu her daim gördüğünü ve yaptıklarından haberdar olması ve kulunda her daim bunu bilmesi ve hayatını her daim doğru, günahtan uzak ve Allah'ı anarak geçirmesi demektir.

Sosyal hayat içerisinde ise murakabe kul hakkını gözetmek, işi liyakatiyle yapmak, yalan söylememek ve doğrudan şaşmamak da denilebilir. Murakabe kavramını en net ve kısa şekilde tarif eden isim Herevi'dir Herevi murakabeyi, "Maksudu sürekli izlemek" diyerek açıklamıştır. Herevi Murakabe'yi anlam olarak ise "Hem kalbi hem de kişinin yaptığı amelleri ve işleri sürekli kontrol altında tutup her daim Allah'ın rahmetini ve rızasını beklemek" diye açıklamıştır. Sufiler ise Murakabe'yi Kuran-ı Kerim ve hadislere dayandırarak "İnsanın her hali Allah tarafından izlenmektedir. Öyleyse her daim O'nun hoşnut olmadığı işlerden uzak durmak gerekir" diye tarif etmişlerdir. Özellikle Kaf

Suresi'ndeki "Andolsun ki insanı biz yarattık ve nefsinin kendisine fısıldadıklarını biliriz ve ona şahdamarından daha yakınız" ayeti ile murakabe kavramını açıklayıcı ayetlerden biri olarak kabul edilmiştir.

İtminan

Kalbi Şüpheden Arındırmak

"Nefsin boğazı vesveseden boşaldı mı, ululuk vahyine misafir olur.

Fakat bil ki bunun şartı mizacı tebdil etmektir.

Çünkü kötülerin ölümü kötü mizaçtandır."

\- Mevlana

İtminan kalpte her türlü vesvese ve evhamın yok edilmesidir. İtminan kelimesinin sözlük anlamı, sıkıntıdan sonra sükûnete ermek, karışıklıktan sonra düzelmek şeklinde ifade edilmektedir. Aynı zamanda Kuran'da on üç yerde geçen bu kavram, kalp ve gönlün bir şeye güvenip bağlanması ve bu güvenle huzura ermesi demektir. Tasavvuf anlamı ise kalpte hiçbir şüpheye yer bırakmadan Allah'a yönelmektir.

İtminan, kalbi aklına galip, imanı kavi, ilimde derinlik sahibi, zihni duru, özü sağlam kimselerin halidir.

Hadislerde "itminan" Kuran'daki anlamıyla kullanılmakla birlikte, bedeni ve zahiri sakinlik olarak da kullanılmıştır. Kuran'da geçen "Onlar inanmışlar, kalpleri Allah'ı anmakla huzura kavuşmuştur. Dikkat edin, kalpler ancak Allah'ı anmakla itminana erer" (Ra'd, 28) ayeti kalp ve nefsin itminan özelliğinden bahsetmekte, nefsin üzüntü ve sıkıntıdan kurtularak sükûnete erdiğini, daralmadan sonra huzur bulduğunu ifade etmektedir.

Şükür

Elindekinin Kıymetini Bilmek

"Düşünüp öğüt almak, bir de Rabb'ine şükretmek isteyenler için geceyle gündüzü peş peşe getiren de O'dur."

- Furkan 62

Tasavvuf ehli hayatı anlamlı yaşayıp kendisine bahşedilen nimetler ve güzelliklerin kıymetini bilip şükretmeyi kendilerine bir düstur olarak edinmişlerdir. Yaşadığı hayatın şükrünü ödeyip dünya ve ahiret hayatını düzgün bir çizgi üzerinde dengede tutmaları tasavvuf ehli için çok önemli bir yaşam gayesidir. Bu gayeyi de gayretleri ile başarmaya çalışmaktadırlar. İslam ve Tasavvuf anlayışında şükredip çaba göstermemek gibi bir anlayışı yoktur. Günümüzde bu ince çizgiyi birçok insan anlamamaktadır. Şükür bu hayatta huzur bulmak demektir. Ancak bu huzur suni ve yalan bir huzur değildir.

İslam her zaman inananların gayret edip çalışmasını öğütlemektedir. Nitekim bir hadisi şerifte belirtildiği gibi: "Hiç ölmeyecekmiş gibi dünya için, her an ölecekmiş gibi ahiret için çalış" öğüdü bizler için en önemli örneklerden biridir. Bize en ufacık bir iyilik yapan insana veya zorluğumuzu çözen bir insana teşekkür ediyorsak bizleri yaratan ve birbirinden güzel nimetler bahşeden yaratıcıya da teşekkür etmemiz gerekir. Tasavvuf ehli için şükür kavramı bu açıdan bakıldığında en önemli kavramlardan biridir.

Şükür nimetin Allah'tan geldiğini bilmek demektir. O'nun verdiği nimetlere layık olmak istediği şeyleri yapmak ve yasakladığı şeylerden uzak durmak demektir. Bunu yapabilmemiz için de Allah'ın her daim bizlere çok yakın olduğunu bilmemiz ve bunu hiç unutmamamız gerekir. Şibli "Şükür nimeti vereni bilmektir" diyerek bu durumu kısaca özetlemiştir. Bu bilgi Tasavvuf'un önemli bilgilerinden biridir zira verilen nimeti Allah dışında başkasından bilmek şirktir. Şükrün insan üzerindeki hali kendisine verilen nimeti, nimet sahibinden geldiğini bilmesidir. Bunun insandaki yansıması ise kendisine bahşedilen nimetlerden ihtiyacı kadarını alıp gerisini paylaşmasıdır. İşte bu hal en güzel hallerden biridir.

Tövbe

Günahlardan Pişman Olmak

"Her insan hata eder. Hata edenlerin en hayırlısı ise tövbe edenlerdir."

– Hz. Muhammed (s.a.v.)

Tövbe kelimesinin sözlük anlamı, "dönmek" demektir. Terim anlamı ise, dine göre, çirkin görülen kötü söz ve davranışlardan vazgeçip, dinin övdüğü bir duruma dönmek ve Allah'a yönelmektir. Tasavvuf ekolünde makamların en başında tövbe gelir.

Tövbe, tasavvufta şeriatın yerdiği şeyden övdüğü şeye dönmek olarak kabul edilir. Peygamberimiz tövbeyi nedamet (pişmanlık) olarak tanımlamıştır. Tasavvufta tövbenin sağlıklı olabilmesi için, mazi, hal ve istikbale ait şu üç esasın bulunması şarttır:

1. ***Yapılan günahlara pişmanlık (Mazi)***
2. ***Günahlardan sıyrılmak (Hal)***
3. ***Bir daha günaha dönmemeye azmetmek (İstikbal)***

Bazı mutasavvıflar tarafından da 3 maddede incelenmiştir:

1. **Tövbe:** Allah'ın azabından korkarak günahı terk etmek. Bu birinci basamaktır.
2. **İnabe:** Allah'ın sevap ve mükâfatına bel bağlayarak O'na yönelmesidir. Tövbenin orta noktasıdır.
3. **Evbe:** Hakk'ın rızasını kazanmak ve sadece O'na yönelmektir. Bu en ileri derecedir.

Tövbe kulun bilerek veya bilmeyerek yapmış olduğu hata, isyan ve günahlardan pişman olarak Allah'a dönüşüdür. Tövbenin özünde pişmanlık vardır.

İbadet

Allah'a Yönelmek

"Rabb'ine ne kadar muhtaç isen, ona o kadar ibadet et."

- Lokman Hekim

Tasavvufta ibadet kulluk anlayışının temeli olarak kabul edilir. Sözlük anlamı olarak "itaat etmek ve boyun eğmek" anlamlarına gelen ibadet dini terim olarak ise insanın Allah'a sevgisini ve şükrünü göstermek için belirli davranışların sergilemesidir. İbadette süreklilik ve her daim ibadetleri bırakmadan devam etmek tasavvuf ehli için önemli bir meseledir. Namaz sufiler için Allah ile bir buluşma olarak kabul edilmiş ve namazlarını ehemmiyet ve huşu içinde kılmaya özen göstermişlerdir. Tasavvuf ehline göre namazda miracın sırrı vardır, çünkü namaz kalplerin bir miracıdır. Tasavvuf tarihinin en önemli isimlerinden biri olan Hallac-ı Mansur her gece 400 rekât kılmayı kendine farz edinmiş biriydi. Mansur hayatı boyunca takva elbisesini giymiş ve ömrünü zikir, namaz, ilim sohbetleri ile geçirmiştir. Mevlana ise namazı sevgiliye vuslat olarak tarif eder ve sevgi iddiasında bulunup da namaz vakti geldiğinde kılmayanları samimiyetsiz olarak nitelendirir. Bunu da *Mesnevi* eserinde şöyle anlatır:

Ey aşk imamı mademki Allah aşkı ile mest olmuşsun.

Vakit bekliyordun, acele ediyordun ya! İşte namaz vakti geldi. Haydi kalk, hâlâ niçin oturuyorsun?

Gerçek kıbleyi bulurum ümidiyle yüzlerce kıble düzüp koşmakta, o güzelin aşkıyla yüzlerce puta tapmaktasın.

Ey can, birazcık yüksek uç, yüksek uç ey buyruğuna kalplerin kul olduğu sevgili çünkü ay yücelerde, gölge ise aşağılardadır.

Her kapının yoksulu gibi her kapıya vurup durma öyle. Elin üstün, kuvvetin çok, sen gök kubbenin kapısındaki halkayı çal.

Gökyüzünün kadehi seni o hale getirdiyse, kendinden bile geçtiysen âleme de bigâne ol.

Aynı zamanda Tasavvuf ehli nefsin iradesini kırmak için ramazan orucu dışında sık sık oruç tutmuşlardır. Sufilere göre oruç tutmak, sadece farz olan ibadeti yapmaktan ibaret değildir. Oruçtan sonra bile, onun ruhaniyetini kaybetmeyip her zaman aynı hal üzerinde bulunmaktır.

Züht

Hırslardan Arınmak

"Zahit, dünyaya gönül bağlamadığı için, insanların en akıllısıdır."

– İmam-ı Rabbani

Züht kavramı söz ve davranış tutarlılığı açısından tasavvuf kültüründe çok önemlidir. Züht dünyaya fazla rağbet göstermemek, hırsların esiri olmamak demektir. Ancak buradan tam manasıyla dünyadan el çekmek anlamı çıkarılamaz. Züht, Allah'tan başka her şeyi gönülden kovmak ve Allah'ın dışındaki hiçbir varlığa hak ettiğinden fazla değer vermemektir.

Başka varlıkların var olmasını Allah'tan bilip, Allah ile zengin olup, Allah ile değerli ve yüce olmak demektir. Züht sahibi kişiler, akıl ve kalp dengesini sağlıklı kurarak onları, hayata dair kararlarında güçlü kılan ve yaşam enerjisinin sağlanmasında mutlu eden tedavi edici bir güç olarak kullanırlar. Bu nedenle züht sahibi olmayı başaran insanlar tutarlılık, denge ve bütünlük içerisinde hayata yaklaştıkları için, duygusal çatışmalarını da çözmüş olurlar. Yine onlar, daha önce yaptıkları olumsuz alışkanlıkları ortadan kaldırma kararlılığı içerisinde ruhsal uyumla beraber dürüstlük disipliniyle çalıştıkları için ruhsal ve zihinsel disiplini elde ederler.

Rıza

Allah'ın Razı Olduğu Kullar

"Razı olmak nefsin arzu ve isteklerine karşı koymak demektir."

Rıza, beğenmek ve izin vermek demektir. Tasavvuf'ta, kişinin ilahi güce itaat edip boyun eğmesi demektir. Rıza Tasavvuf ehli tarafından Tasavvuf'un en üst makamı olarak kabul edilmiştir. Allah'ın kulundan razı olması ve kulun Allah'tan razı olması olarak ikiye ayrılmıştır.

Kuran-ı Kerim'de Beyyine Suresi'nin "Allah onlardan, onlar da Allah'tan razı olmuştur" ayeti, rıza kavramının örneklerinden biridir. Tasavvuf tarihinin ilk dönemlerinden itibaren rıza kavramına özel bir önem ve yer verilmiştir. Tasavvuf ekolünün en önemli isimlerinden, Cüneyd-i Bağdadi rızayı, "İlahi iradeye tabi olduğu için kulun kendi iradesini, tercihlerini ve arzularını terk etmesidir" diye açıklamıştır. Süleyman Darani ise bedenin arzu ve isteklerinden sıyrılan insanın rıza mertebesine ulaşabileceğini söylemiştir. Muhammed Nasrabadi ise rıza mertebesine ulaşmak isteyenlerin Allah'ın razı olduğu hal ve davranışlara dikkat etmeleri, razı göstermediklerinden ise uzak durmak olduğunu belirtmiştir. Tasavvuf ehli rızanın sevginin temeli olduğunu söyleyerek, ancak rıza kavramına özen gösterenlerin sevgisinin ve muhabbetinin gerçek olabileceğini söylemişlerdir. Nitekim birçok tasavvuf ehlinin hayat tarzına baktığımızda rıza kavramından örnekler ve detaylar görülmektedir.

İstikamet
Yoldan Dönmemek

"Doğru bir istikamet, bin kerametten daha hayırlıdır."

- İmam Şafi

İstikamet yapılan işin hakkını vermek, düzgün hareket etmek demektir. Tasavvuf kavramı olarak ise inançta sağlam imanlı olmak, ibadette düzgün ve takva olmak, yaşantıda her an doğru olmak demektir. İbni Arabi ahlaki hayatla ilgili istikamet kavramının yanında bir de ontolojik anlamda istikametten söz eder. Buna göre insanı kurtuluşa götüren birinci anlamdaki istikamet kısaca Hz. Muhammed'in yolunu izlemektir. Tasavvuf ehli için İstikamet, kerametten daha önemlidir. Bununla ilgili Ebu Cüzcani "İstikamet sahibi ol, keramet sahibi olmaya çalışma" demiştir. Yine İbni Ata "İstikamet kalbi Allah'a tahsis etmekle olur" demiştir.

Kanaat

Dünyaya Aldanmamak

"Elde olanla yetinmeyip fazlasını istemek kanaatsizlik değildir."

- İbni Arabi

Peygamber efendimiz bir hadisinde "Hiç ölemeyecekmiş gibi bu dünyaya, yarın ölecekmiş gibi ahirete çalış" diyerek Maddi ve Manevi dengenin kurulmasını ifade etmiştir. Kanaat rıza kavramından farklı olarak elindeki nimetin değerini bilip, çalışmaktan vazgeçmeden her daim üretim ve çalışma üzerinde olmak demektir.

Bir başka deyişle de çalışıp, mücadele edip ve elinden geleni yaptıktan sonra eline geçene kanaat getirmek yani razı olmaktır.

Kanaatkâr bir insan çok olana sevinmeyen, az olana üzülmeyen, her durumda da sakinlik ve tevazu halinde olan insandır. Kanaat eden insan sadece Allah'tan korkar çünkü varlığının sebebi olduğu gibi rızkının da sebebi Allah'tır.

Kanaat eden insan rızkında, yaşamında, ölümünde kimden geldiğini hiçbir zaman unutmayandır. Tasavvuf kavramı olarak ise kanaat Hakk'a ulaşmanın ölçülerinden biridir. Sufi'nin manevi yolculuğunu tamamlaması için makamları geçerken sabır göstermesi ve hayatını her daim tevazu, sakinlik, hoşgörü ve ibadet halinde geçirmesi gerekmektedir. "Züht" başlığı altında bahsettiğimiz dünyaya rağbet göstermemek, Allah'a itaat etmek ve O'nun sevgisini kazanmak için çalışmak gibi detaylar da kanaat ve züht kavramı ile birbirine ilintili kavramlardır. Kanaat kavramını farklı ele alan Tasavvuf âlimleri de vardır, bunlardan biri olan İbni Arabi Kanaat kavramı ile ilgili "Elde olanla yetinmeyip fazlasını istemek kanaatsizlik değildir" diyerek kanaat kavramına farklı bir bakış açısı getirmiştir. İbni Arabi istemenin ancak Allah'tan olacağını, istedikten sonra da çaba göstermek gerektiğini söyleyerek, kanaat etmenin insanı tembelleştireceğini, güçten düşüreceğini ve hedefinden saptıracağını belirtmiş, kanaat kavramını daha geniş bir bakış açısı ile yorumlamıştır.

Halvet
Nefsi Ehlileştiren Çile Yolculuğu

"Hamdım, piştim, yandım."

- Mevlana

Halvet, toplumsal hayattan çekilip kişinin zikir ve ibadet etmek inzivaya çekilmesidir. İbni Arabi Halvet'i yaratıcıyla konuşmak olarak tanımlamaktadır. Hz. Peygamber'in bir hadisinde "Kırk gün Allah için ihlasla amel eden kimsenin kalbinden diline doğru hikmet pınarları akar" demesi, mutasavvıflar için Halvet'in 40 gün yapılmasının da bir örneği olmuştur. Tasavvuf kültüründe Halvet için manevi arınma ve manevi temizlik de denmektedir.

Mutasavvıflar, halvetin dini hayat açısından önemini göstermek için Hz. Peygamber'in halvetten ve yalnızlıktan hoşlandığını, zaman zaman Mekke yakınındaki Hira Mağarası'na inzivaya çekilip burada ibadete yönelmesini örnek olarak kabul ederler. Tasavvufa tabi olmak isteyen kişilerin en zor sınavlarından biridir halvet.

Mürit, mürşidinin gözetiminde 40 gün boyunca ibadet, zikir ve tefekkürle meşgul olmak için kendisini kapatır. Halvet'in 40 gün olması zorunlu değildir, farklı sürelerde de sufiler halvete çekilmektelerdir. Burada nefsin köreltilmesi, kişinin dünyevi arzu ve isteklerinin azaltılması hedeflenmektedir. Halvet için erbain ve çile de denilmektedir. Özellikle tasavvuf ehlinin evlerinde, tekkelerinde çilehane adını verdikleri dar ve küçük bir kapıdan girilen küçük, penceresiz karanlık bir alan bulunmaktadır. Bu alan sufilerin uzun süreli ibadete çekildikleri yerdir.

TASAVVUFTA KULLANILAN KIYAFETLERİN VE EŞYALARIN EZOTERİK ANLAMLARI

Tasavvuf ehlinin giydiği bazı belirli kıyafetler ve kullandıkları aksesuvarlar birer simge olarak kullanılmış veya giyilmiştir. Bunlara baktığımızda belli başlı olanları Hırka, Kuşak, Sarık, Post, Asa, Gül Mührü'dür.

Hırka

Sufilerin giydikleri hırkaların farklı farklı çeşitleri vardır. Bu hırkalar genellikle irade veya teberrük hırkası olarak iki çeşide ayrılır. İrade hırkası müritlerin giydiği hırkadır. Bu hırka müride mürşidi (şeyhi) tarafından giydirilir. Mürit bu hırkayı giyerek mürşidine itaat etmiş ve vereceği eğitime razı olmuş anlamına gelmektedir. Genellikle hırka giydirme bir tören merasimi ile tekkelerde yapılmaktadır. Tasavvufta ilgi duyan ancak henüz bir mürşide bağlanmamış veya tekkeye girmemiş kişilerin giydikleri hırkaya da teberrük hırkası denilir. Bu hırkaları giyen kişilerin sufilerin yanında bulunacağı ve onlardan feyiz alıp irade hırkasını giymeye hak kazanacağı anlamlarına gelmektedir. Teberrük hırkasını giyenler için irade hırkasını giyenlerden istenilen şartlar ve itaat istenmez. Tasavvuf kaynaklarına baktığımıza Hz. Peygamber'in şair Kab Bin Zübeyr'e hırkasını vermesinin, hırka giymenin tasavvuf adabında yer almasına sebep olduğunu söylemektedirler. Bu yüzden Tasavvuf ekolünde hırka giymenin bir edebi ve adabı olmuştur. Sufiler her bir üst makama geçtiklerinde hırkaların renkleri değişmiştir. Renklerini değiştirmeye durumu olmayanların ise hırkalarına birer parça farklı renkli kumaşlar dikilmiştir. Hırkaya yüklenen anlamlar ise dostluk, sevgi, paylaşmak gibi güzel hasletlerden oluşmaktadır. Bu yüzden Tasavvuf ekolünde sembolik olarak hırkanın her zaman önemli bir yeri olmuştur. Harakani hırkanın çıkışını özetle şu şekilde anlatır: Cebrail, cennetteki Tuba ağacının yapraklarından yapılmış bir hırkayı Hz. Peygamber'e getirir ve "Ey Allah'ın Resulü, Allah-ü Teâlâ sana esenlik ve selam gönderdi" der. Bunun üzerine Hz. Peygamber çok mutlu olur. Bütün sahabe de ona hürmeten ayağa kalkarlar. O hırkanın nurundan bütün meclis nurlanır.

Harakani Hz. Peygamber'in, Cebrail'in getirdiği bu hırkayı sırasıyla Hz. Ebubekir, Hz. Ömer, Hz. Osman ve Hz. Ali'ye teklif ederek şayet kendilerine verirse ne yapacaklarını sorduğunu onların da sırasıyla; sıdkı, adaleti, hayâyı ve dine daveti artıracaklarını söylediklerini, bunun üzerine Hz. Peygamber'in hırkayı Hz. Ali'ye vererek, "Ey Ali, Hak'tan bana emir geldi. Bunu huzurumuzda giy de diğerlerinin de affına vesile olsun" dediğini, Hz. Ali'nin de Hz. Peygamber'in huzurunda hırkayı giyerek orada bulunan bütün sahabeye selam verdiğini ve ashabın da mutlu olduğunu anlatır. Ancak Harakani'nin bu anlatımının yanı sıra Hz. Peygamber'in ashabına herhangi bir kıyafeti giymelerini öğüt ettiğine dair net bir bilgi yoktur. Sadece Veysel Karani'ye hırkasını hediye etmek için gönderdiği bilinmektedir. Ancak buradan şunu anlayabiliriz ki Hırka salih kulların birer kıyafeti ve simgesi olmuştur.

Kuşak

Kuşak Tasavvuf ilminde sağlam ve doğru durmayı sembolize eder. Bazı tarikatlarda buna kuşak bazılarında ise kemer denilmektedir. Kadiri tarikatında buna kemer denilmektedir. Tarikata mensup olanların bellerine sardıkları bu kuşağın diğer adı gayret kemeridir. On altı halka, dört çengel ve bir kemer olmak üzere yirmi bir parçadan oluşur. Ayrıca bunlar, Fatiha Suresi'nde geçen yirmi bir harfe ve surenin de sırrına işaret etmektedir. Kullanılan kuşağın kaç kat katlandığı tasavvufi düşüncede değişik anlamlarda yorumlanmıştır. Kuşağın bir kat olması, Allah'ın birliğine; iki kat olması, dünya ve ahirete; üç kat olması, şeriat ve tarikatta yol almaya ve hakikatten haberi olmaya; dört kat olması, dört halifeye, müçtehitlere, kıyam, kıraat, rükû ve sücuda, dört kitaba; beş kat olması, peygamberimizin ailesine ki bunlar, Hz. Peygamber, Hz. Ali, Hz. Fatıma, Hz. Hasan, Hz. Hüseyin'dir, beş vakit namaza, İslam'ın beş şartına; altı kat olması, imanın altı şartına, dört yön ile secde ve mihraba; yedi kat olması, yedi uzuv ile secde etmeye, yedi yıldıza, yedi kat göğe, yedi kat yere, Fatiha Suresi'nin yedi ayetine işaret sayılmıştır.

Külah, Taç, Takke

Farklı dönemlerde farklı isimlerde anılan Külah derviş-lerin etrafı sarıkla çevrili başlığına denilir. Her tarikat ve tekkenin farklı külahları vardır. Adına derviş başlığı da denilen bu başlığın dört kapılı bir yapısı olduğu farz edilir. Bunlar şeriat, tarikat, marifet ve hakikat kapılarıdır. Başlığın dilimi ibadeti yenilemeye, astarı nura, pamuğu sırra, kubbesi velayete, başa konması hayata, yere konması ise ölüme işarettir. Bu derviş başlığını giyen bir tarikat ehlinin cehaleti, isyanı, nefsi arzularını, hırsı ve tamahkârlığı, dünya sevgisini, şehveti, kibri, eziyet ve zarar vermeyi, cimriliği, kazaya itirazı ve gafleti terk etmesi gerekir. Çünkü bu başlık, olgunlaşmayı sembolize eder.

Gül Mührü

Tasavvufta gül ilahi aşkın sembolü olarak görülmekte olup Hz. Muhammed (s.a.v.) ile ilişkilendirilmiştir. Şöyle ki gülün oluşması ile Miraç hadisesi arasında bağlantı kurulmaktadır. Buna göre Hz. Peygamber (s.a.v.) Miraç Gecesi'nde Cebrail ile Burak'la birlikte ter dökmüş, Burak'ın terinden sarı, Cebrail'in terinden beyaz, Hz. Peygamber'in (s.a.v.) terinden kırmızı gül oluşmuştur.

İslamiyet'te gülün Hz. Peygamber'den (s.a.v.) sonra ilişkilendirildiği bir diğer peygamber de Hz. İbrahim'dir. Hz. İbrahim ateşe atıldığında ateş gül bahçesine dönüşmüştür. Bu nedenle gül "cennet bahçesi çiçeği" olarak görülmektedir. Tasavvufta kullanılan gül sembolü külahların veya eşyaların üzerine işlenmiştir. Derviş başlıklarının tam tepesine dikilen bu sembole "Gül Mührü" denilmiştir.

Asa

Hırka, Kuşak, Derviş başlığı gibi her sufinin kullandığı eşyalar arasında olmasa da Asa da tasavvuf ekolünde önem atfedilen eşyalardan biri olmuştur. Meymun

b. Mihram, Asa için "Asa peygamberlerin sünneti ve mümin kimsenin de alametidir" demektedir. Yine Hasan-ı Basri, "Asanın altı özelliği vardır: Peygamberlerin sünnetidir, salihlerin ziynetidir, düşmanlara karşı silahtır, zayıfların yanında yardımcıdır, münafıklara keder sebebidir (kalplerine ağırlık verir), itaatlerin artışında yardımcıdır" diyerek Asa kullanımını önemli bir yerde konumlandırmışlardır.

Haccac bir gün elinde Asa olan bir bedevi ile karşılaşmış ve ona:

"Nereden geliyorsun ey bedevi?" sormuş. O da "Çölden" demiş. "Peki, elindeki nedir?" diye sormuş. Bedevi de "Elimdeki asadır. Namaz kılmak için onu yere saplarım, hazırlayacağım şeyler için onu hazır bulundururum. Onunla bineğimi sürerim. Onunla yolculuğumda güç kazanırım. Adımlarımı daha geniş atmak için ona dayanırım. Onun yardımı ile akarsuları geçerim, tökezlemekten beni korur. Üzerine elbisemi bırakırım, böylelikle beni sıcağa karşı korur, soğuğa karşı ısıtır. Bana uzak olan şeyi bana yakınlaştırır. Azığımı onun üzerinde taşırım, su kabımı ona asarım. Kavgada onunla kendimi korurum. Onunla kapıları çalarım. Saldırgan vahşi hayvanlara karşı onunla kendimi korurum. Çarpışmalarda mızrağın yerini tutar, denk kimselerle dövüşeceğim vakit de kılıç yerini tutar. Ben onu babamdan miras aldım, benden sonra da oğluma miras bırakacağım. Onunla koyunlarıma yaprak silkelerim. Onunla gördüğüm daha sayılamayacak kadar pek çok ihtiyacımı görürüm" demiştir.

Yani Asa'nın kullanımı hem fiziki hem de manevidir. Asa'nın güç, asalet, yanından ayrılmayan bir yoldaşı sembol etmektedir.

Seccade / Post

"Sücut" kelimesinden türeyen seccade diğer ismiyle kullanıma göre post "mabuda boyun eğmek, O'na tevazu, saygı, sevgi göstermek" anlamlarına gelmektedir. Genellikle küçükbaş veya büyükbaş hayvan derisinden yapılan bu eşya mensup olunan tarikatın şeyhinin makamıdır. Posta geçmek deyimi de buradan gelmektedir. Posta geçmek tekkenin başına geçmek, pir olmak, mürşit olmak demektir. Tarikatlarda post geleneği Hz. İbrahim'e kurban etmesi için gönderilen koçun postuna dayandırılır. Mevlevilik ve Bektaşilikte makam postunun yanı sıra sembolik anlamlar taşıyan çeşitli postlar vardır. Güneş batarken kızıl renk aldığı ve Mevlana Celaleddin-i Rumi bu sırada vefat ettiği için Mevlevilikte Mevlana'yı temsil eden makam postunun rengi kızıldır.

Alem

Alem veya Sancak gerek Osmanlı döneminde gerek öncesinde, ordu tarafından kullanılan ve devlet geleneğini sembolize eden figürlerdir. Tasavvuf ekolünde ise anlam olarak iki farklı alem vardır. Alem, anlam olarak "alamet ve nişan koymak" manasındaki alm veya "bilmek" anlamındaki ilm kökünden türetilmiş olup yaratıcının varlığını bilmek, anlamak gibi anlamlara gelmektedir. Bir eşya olarak Tasavvuf geleneğinde kullanılan alem ise hilafetin ve tasavvuf geleneğinin sembolü kabul edilmektedir.

Nefir

Diğer adıyla yuf, yuh borusu da denilen nefir. Hayvan boynuzundan yapılan, çalgı, işaret aleti gibi kullanılan bir eşyadır. Tarih boyunca birçok kültür tarafından gerek yırtıcı hayvanları kaçırmak gerekse savaşlarda veya düşman saldırılarında halka haber veren bir eşya olarak kullanılmıştır. Tasavvuf ekolünde ise nefir bir musiki aleti olarak kullanılmaktadır. Ancak detaylı bir melodi veya ses elde edilemeyen bir alettir.

Sarık

Kavuk, takke vb. başlıkların üzerine sarılan ince uzun tülbent şeklinde olan sarık, İslam kültürü ve tasavvuf ekolünde Peygamber'in kullandığı bir eşya olduğu için değerli sayılmıştır. Bazı dönemlerde sarığın büyüklüğü onu taşıyan kişinin makamının büyüklüğüne işaret sayılmış ve sanduka başlarına yerleştirilen, insanın taşıyamayacağı büyüklükteki sarıklarla bu anlam vurgulanmıştır. Ayrıca kişilerin hayattaki görev ve makamının göstergesi olarak mezar taşlarına sarıklar işlenmiştir.

Toplumun her kesimi tarafından giyilmiş olmakla birlikte genellikle sarık âlimlerin simgesi diye görülmüştür. Tasavvuf ekolünde özellikle Mevlevilikte buna destar denilmektedir. "Destar", tasavvufta bir makam sembolüdür. Destarsız Sikke'ye "Dal Sikke" denildiğini biliyoruz. Aslında "Destar", bir Orta Asya Türk kültür geleneğidir. Orta Asya Türkleri sargı ve dolamaya, "yergencu", "şulgu" ve "çol" gibi isimler veriyordu. Destar sarmak, bir liyakat ve mazhariyettir. Buna hak kazanan dervişe, "Destar-puş" (Puşiden: Örtmek, öpmek), "Destarlı" denilir. Taşıdığı anlam ve sembolize ettiği ulviyet sebebiyle Mevlevilerce "Destar-ı Şerif" olarak telaffuz edilir.

TASAVVUFTA RENKLERİN EZOTERİK ANLAMLARI

Tasavvuf ekolünde tarikatlar renklere çok önem vermişlerdir. Özellikle simgesel olarak soyut birçok kavramı renklerle ifade etmişlerdir. Kuran-ı Kerim'de Nahl Suresi'nde "Yeryüzünde rengârenk şeyleri de sizin için yaratmıştır. Öğüt alacak topluma bunda ders vardır" ayeti renklere atfedilen öneme dikkat çekmektedir. İnsanlık tarihi boyunca renkler kavimlerin, toplumların, devletlerin, inançların hep simgesel olarak kullandıkları ve üzerine anlam atfettikleri semboller olarak günümüze kadar gelmişlerdir. Tasavvuf kültüründe Mavi kelime-i tevhide, Kırmızı renk Allah lafzına, Beyaz renk "Hu" ismine, sarı renk "El Hak" ismine, Siyah renk "el kayyum" ismine ve Gri (tasavvufta renksizlik olarak kabul edilir) el kahhar ismine karşılık gelmektedir. Tasavvuf'un önemli isimlerinden Necmeddini Kübra ise bazı renklerin ilintili olduğu kavramları şöyle sıralamıştır:

- Beyaz İslam'la
- Sarı imanla
- Koyu Mavi, ihsanla
- Yeşil itminanla
- Mavi ikanla
- Kırmızı irfanla
- Siyah heyamanla

Tasavvuf kültüründe renk ve renksizlik kavramları çok sık kullanılmaktadır. Özellikle tarikatlarda nefis mertebeleri de renklerle ifade edilmektedir:

1- Nefs-i emmare: Ezrak (mavi),
2- Nefs-i levvame: Asfer (sarı),
3- Nefs-i mülhime: Ahmer (kırmızı),
4- Nefs-i mutmainne: Esved (siyah),
5- Nefs-i raziye: Ahdar (yeşil),
8- Nefs-i marziye: Ebyaz (beyaz),
7- Nefs-i kâmile: Bilalevn (renksizlik).

Tasavvuf kültüründe bu yedi renk nurun rengi olarak da kabul edilmektedir.

Tasavvufta Ölümün DÖRT RENGİ

İmamı Rabbani'ye göre sufiler nefislerini kontrol altına aldıklarında sevdiğine yaklaşırlar ancak gerçek vuslat ise ruhun bedenle irtibatı kesmesinden sonra olur. "Kişi sevdiğiyle beraberdir" hadisi şerifi de buna örnek gösterilmektedir. Tasavvufi kültürünün önemli isimlerinden İbni Arabi "Ölüm, hayatın tümden yok edilmesi değil, valinin görevden azledilmesidir" demektedir. İbni Arabi'ye göre beden, şehir; ruh ise bu şehrin valisidir. Ruh sahip olduğu şehrin ihtiyaçlarını temin eder, çıkarlarını gözetir. İşte ölüm, bu valinin görevden alınması anlamına gelir. Ruh görevinden alındıktan sonra, önceki yetki ve sınırlardan kurtulmuştur ancak varlıkla ilgisi tabii ki devam etmektedir. Bu açıdan baktığımızda ölüm insanın özel bir halidir. İbni Arabi *Fusus ül-Hikem* eserinde ölümü, bir geçiş, bir köprü olarak tanımlayarak, ölümün insanın tahmin ettiği veya düşündüğü gibi bir şey olmadığını söyler: "İnsanı, Allah'ın ölümle yok etmesi, yıkması, O'nun koruduğu şeyi yok etmesi, ortadan kaldırması demek değildir. Ölüm bir çözülmedir. Ölüm, insanın manevi benliğinin, Hak tarafından kendisine çekilmesidir. Çünkü, her şey O'na döner. O, insanı kendi âlemine aldığı zaman ona, terk ettiği madde dünyasındaki oluşumundan ayrı bir oluşum ve düzen verir.

O âleme ait olan ve o âlemin madde cinsinden olan bu yeni oluşum, bulunduğu âleme uygunluk göstereceği için ebediyen dağılmaz ve çözülmek bilmez. Eğer, ölü veya ölen kişi, öldüğü veya öldürüldüğü anda yeni bir yaşama kavuşmasaydı, Allah, kimsenin ölümüne karar vermez ve ölümünü mümkün kılmazdı. Bunların tümü, O'nun elindedir. Öyleyse, ölen kişi için kaybolmak asla yoktur." Buradan anlaşılacağı üzere ölüm yeni bir başlangıcın kapısıdır. Bu yüzden Tasavvuf ehli için ölüm sevgiliye kavuşmak ve çekilen çile sonucunda hedefe ulaşmak demektir. El Asami, Tasavvuf yolundan gitmek isteyenlerin ölümün dört türünü yaşaması gerektiğini söylüyor. **Beyaz ölüm**, açlık. **Kara ölüm**, insanlardan gelen sıkıntı ve zorluklara göğüs germe. **Kızıl ölüm**, nefse karşı durmak. **Yeşil ölüm**, yama üstüne yama dikmek ve eski elbiseler kullanmaktan rahatsız olmamak.

Beyaz Ölüm

Nefsin ilk arzusu yemek, içmek ve cinsel ihtiyaçtır. İmam-ı Gazali bu istekleri behimmiyet yani hayvanlık diye isimlendirir. Çünkü bu istekler hayvanlarda da mevcut olan ve sadece insana has olan özellikler değildir. Yüce Allah hayvanlara akıl vermemiş sadece içgüdü ve şehvet vermiştir. Dikkatli bakan insan için buradan bile nice çıkarımlar vardır. Sufiler bu arzulara set çekmek için yemek ihtiyaçlarını en aza indirmişlerdir. Yemek için yaşamamışlar tam tersi sadece yaşamak için yemişlerdir. İbni Arabi Tasavvuf kültüründeki bu davranışa, insan aç kalınca yüzü beyazladığı için "Beyaz Ölüm" demiştir.

Kara Ölüm

İnsanlardan gelen her türlü sıkıntılara karşı sakin kalmak, zorluklara ve cefaya sükût ederek yaklaşmaya kara ölüm denir. Gazali'ye göre insandaki temel duygulardan biri intikam alma, şiddete şiddetle karşılık verme duygusudur. Tasavvuf kültüründe insanın asabiliğine gem vurmadan sufilerin yoluna girilemez. Burada amaç öfkeyi yok etmek değil tam tersine onu kontrol altına almaktır. Çünkü tasavvuf mertebelerine ulaşmak için insan haramlar ve yanlış işler karşısında dik durmalıdır. Bir haram ya da yanlış iş yaptığı zaman yaptığı işe ve yanlışa öfkelenmeli ve bir daha onu tekrarlamamalıdır. Çünkü öfke manevi değerleri korumak, zalimlere karşı dik durabilmek için insana lazım olan bir duygudur.

Yeşil Ölüm

Yeşil ölüm giyime düşkünlük göstermeyip önem vermemek demektir. İbni Arabi bunun için "yaşarken ölmek" tarifini kullanmaktadır. Burada bahsedilen kılık kıyafete önem göstermemek, düzensiz olmak, pis olmak değildir. İnsan temiz giyinmeli ancak yamalı kıyafet giymekten de utanmamalı demektir. İnsan nefsinin arzusuna göre şaşaalı giyinip başkalarına gösteriş yapmaktan utanmalı ve çekinmelidir. Sufiler dünya hayatına ve elbiselere önem vermezler, işte yeşil ölüm demek budur.

Kırmızı Ölüm

Kırmızı ölüm nefsin her türlü arzu ve isteklerine karşı durmak, istediklerini vermemek ve onunla mücadele etmek demektir. İnsan nefsin istediklerini vermez ve onun isteklerine karşı durursa nefsi kızdırmış ve güçsüz düşürmüş olur, nefsin karşısında baskın ve dirayetli olmaya kırmızı ölüm denmiştir. Yine burada kara ölüm öfke meselesinde olduğu gibi asıl amaç nefsi öldürmek değil nefsi kontrol altına almaktır. Peygamber efendimiz "Hazları bıçak gibi kesen ölümü sıklıkla hatırlayın" diyerek nefsi kontrol altına alıp yaşamaya dikkat çekmiştir.

TASAVVUF LİTERATÜRÜNDE SEMBOLLER

Tasavvufta bilgi ikiye ayrılır. Zahiri (görünen, dışa açık) Batini (görünmeye, gizli, kapalı) Tasavvuf ehlinin gayesi batini yani görünmeyen bilgiyi keşfetmek ve sırra ulaşmaktır. Sufi, örtülü anlamları açmak, bilgiyi anlaşılabilir, kavranabilir, uygulanabilir hale getirmek ve çıkarımlarda bulunmak amacıyla tevile yönelir. Batın anlamın zahir anlama dönüştürülmesi; örtülünün açığa çıkarılması veya soyutun somutla açıklanması gereksinimi sembollerin kullanımını da beraberinde getirir. Tasavvufta sembol kullanımını bu anlamlandırma eylemine dayandırmak mümkündür.

Semboller hayatımızın her yanında karşılaştığımız ve birçok alanda kullanılan soyut kavramlarla bilgiyi insanlara ulaştırmak için kullanılan bir dildir. Sadece dini öğretilerde değil, Edebiyat, Sinema, Resim vb.

sanat dallarında kullanıldığı gibi mimari, giyim gibi alanlarda sembollerin gizemli dili ile karşılaşmaktayız. Bazı bilgileri hazır olmayan insanlara anlatmak, insanlarda kafa karışıklığına yol açmaktan başka bir işe yaramamaktadır. İşte semboller burada devreye girerek hakikatin bilgisini hazır olana aktarmanın bir yoludur. Kısacası semboller hakiki bilgiyi taşıyan araçlardır.

Ceviz

Tasavvuf literatüründe ceviz hakikati simgeler. Yunus Emre, Mevlana, Niyazi Mısri ve birçok tasavvuf ehli cevizin hakikati simgelediğini söylemiştir. Niyazi Mısri "Cevizin kabuğunu yiyen hakikati ister" diyerek, cevizi gerçekliğin bir simgesi olarak kullanmıştır. Tasavvuf ekolünde hakikate giden yolu da temsil eden ceviz simgesel olarak insanın kendi özüne ulaşmasını temsil etmektedir. Ceviz nefse benzetilerek, içten dışa doğru açılarak öze ulaşmanın bir simgesi olarak kabul edilmiştir. Cevizin dış yeşil kabuğu acı ve Nefsi Emmare'ye benzetilmiş, soyulmasıyla ortaya çıkan kabuk Nefsi Levvame, onun da soyulmasıyla ortaya çıkan kahverengi zar, Nefsi Mülhime'ye, onunda soyularak ortaya çıkan sarı kabuğa Nefsi Mutmainne'ye, onun da soyularak ortaya çıkan ve insan beynine benzeyen ceviz Nefsi Raziye'ye ve cevizin ezilerek yağının çıkarılmasına Nefsi Marziyye, yağın içindeki güce de Nefsi Safiye denilmiştir. Bu aşamaların her biri tamamlandığında ilahi sırra erildiği simgelenmiştir.

Ağaç

Mutasavvıflar, Hakikat'i anlatırken yoğun biçimde mecaz anlamlar ve semboller kullanmıştır. Bunlardan biri de çekirdek ve ağaç sembolüdür. Çekirdek bütün ağacın bilgisini içinde taşır, ardından yeşerir, büyür, yaprak açar ve meyve verir. Ağacın meyve vermesi ile tek olan çokluğa dönüşür. Çünkü ağaçtan amaç meyve kazanmaktır. Bu yüzden meyvesi olmayan ağaç makbul değildir, çünkü âlem tıpkı bir ağaç gibidir. Ağacın tohumu hakikattir, meyvesi ise insandır. Önemli olan bu âlemi doğru düzgün kavrayıp İnsan-ı Kâmil mertebesine ulaşmaktır.

Gül ve Bülbül

Tasavvufta gül, bilginin sembolüdür. Ancak bu bilgi gönüldeki bilgidir. Bu yüzden Tasavvuf ehlinin gönlü gül bahçesi diye tarif edilmektedir. Gerek İslam tasavvufunda, gerek İslam kültürünün farklı alanlarında gül ve bülbül birlikte kullanılmaktadır. Gül ve bülbül ile ilgili hikâyeler, çizimler ve nakışlara İslam kültüründe çok rastlamaktayız, bunun da sebebi gül sevgiliyi, bülbül ise âşığı temsil eder. Tasavvuf ehli burada bülbül gibidir, ilahi olana, sonsuz olana yani güle âşıktır. Bu aşk gönülden gelir ve gönülde demlenir.

Köprü

Köprü sembolü tasavvufta önemli kabul edilen sembollerden biridir. Köprü bu âlem ile öteki âlem arasındaki geçişi sağlayan bir araçtır.

Güneş

Güneş tarih boyunca farklı kültürler ve farklı inançlarda en çok kullanılan sembol olmuştur ve kendisine birçok anlam yüklenmiştir. Çünkü güneş gücü, asaleti, yaşamı ve enerjiyi temsil etmektedir. İbni Arabi güneşi kaynağını Allah'tan alan dünyanın ışığı olarak tanımlamış ve ışığın kaynağı güneş, güneşin kaynağı ise Allah'tır demiştir. İbni Arabi bir şiirinde şöyle der:

Onu yürüten güneşe yemin etmiş
Onu takip eden dolunay üzerine de
Onu örttüğünde karanlığa yemin etmiş
Ortaya çıkardığında gündüze de
Allah'ın bir hikmeti var, gizler onu
Gözlerden, izhar ederken kendisini

İbni Arabi insanın güneşe nasıl ki çıplak gözle bakamadığı gibi, Allah'ın zatının da idrak edilemeyeceğini söyler. Ancak güneşte Allah'ın sıfatlarını ve varlığının bir ispatını görürüz.

Ay

Kuran-ı Kerim'de 27 farklı ayette Ay anlamına gelen "Kamer" kelimesi geçmektedir. İlk ve Helenistik çağlarda yıldızların, ay ve güneşin kutsal varlıklar olduğu dünyada yaygın bir inançtı. İslam öncesi müşrik Araplar arasında da ay ve güneş gibi gökcisimlerine tapanların bulunduğunu, "Gece ve gündüz, ay ve güneş O'nun ayetlerindendir. Güneşe ve aya secde etmeyin; onları yaratan Allah'a secde edin" (Fussılet 41/37) ayetinden öğrenmekteyiz. Özellikle Hilal biçiminde olan Ay İslamiyet'te çok önemli bir yer tutmaktadır. İslam dünyasında ve tasavvufta hilal 7. yüzyıldan beri bir simge olarak kullanılmaktadır. Hilal Arapça kökenli bir kelime olup sözlükte "Ayın yeni doğduktan sonra ilk üç gün içinde ay şekline gelmesidir" şeklinde açıklanmaktadır. Özellikle Kuran-ı Kerim'de Ay ve Güneş'i hac, namaz, oruç gibi ibadetlerin ne zaman başlayıp ne zaman biteceği hususunda pusula kabul edilmişlerdir. Ayın şekil değiştirerek farklı evreler geçirmesinin de farklı anlamları vardır. Dolunay güzellik, saflık, duruluk anlamlarına gelirken Hilal, yenilik, doğum ve hayatın yeniliği olarak kabul edilir. Özellikle Osmanlı zamanında Hilal sembolü sancak olarak kullanılmış ve İslamiyet'in bir simgesi kabul edilmiştir.

Yıldızlar / Kutup

Yıldız için Arapçada **necm** (çoğulu **nücum**) ve **kevkeb** (çoğulu **kevakib**), Farsçada **ahter** ve **sitare** kelimeleri kullanılır. Kök bakımından necm "doğmak, ortaya çıkmak", kevkeb "parlamak, aydınlık olmak" anlamına gelir. Tasavvufta kâmili insanın en büyük mertebesi olarak kabul edilen makam "Kutup" makamıdır. Kutup gökyüzündeki en parlak yıldız anlamına gelmektedir. Veliler zümresinin başkanı, dünyanın ve âlemin manevi yöneticisi olduğuna inanılan en büyük veli manasında kullanılmıştır, onun bulunduğu makama da **kutbiyyet** denilmiştir. Ayrıca kutbun yönetimi altında bulunduğuna inanılan çeşitli veli gruplarının her birinin başkanına da kutup adı verilir. Bu durumda birinci anlamdaki kutbu öbürlerinden ayırmak için ona **kutbü'l-aktab** denilir. Fakat tasavvufta mutlak olarak kutup denildiği zaman en büyük veli, insan-ı kâmil ve hakikat-i Muhammediyye anlaşılır. İbni Arabi Tasavvuf âleminin kutup makamlarından bahsederken şöyle der: "Her çağda insan âlemi için bir kutup mutlaka vardır." Buradan anlaşılacağı üzere kutup tasavvuf âleminin en büyük velisi ve âlimidir.

Sekiz Köşeli Yıldız

Sekiz köşeli yıldız, Türk İslam Medeniyeti tarihinde en çok kullanılan sembollerden biridir. Türkistan, Balkanlar hatta Uzakdoğu'da bile bu sembole rastlamak mümkündür. Anadolu'da Selçuklu Yıldızı olarak bilinirken, Orta Asya'da Türkistan Yıldızı olarak bilinir. Özellikle Anadolu'da ilk kurulan medreselerde bu sembolü çok sık görmekteyiz. Öyle ki bir dönem Osmanlı tarafından sancaklarda da kullanılmıştır bu sembol. İki eşit karenin çapraz şekilde üst üste konulmasından oluşan bu sembolün anlamı zafer demektir. Sekiz köşeli yıldızın, iki eşit büyüklükteki karenin çapraz şekilde üst üste konulmasının anlamı ise iki kare iki farklı dünyaya atıfta bulunmaktadır. Bu karelerden biri maddi dünyayı, diğeri ise manevi dünyayı ifade etmektedir. Tasavvufun önemli kollarından Bektaşilikten Nakşibendi'ye, Yesevilikten Kadiriliğe kadar geleneksel tasavvuf hayatında sekiz köşeli yıldız bu anlamda ele alınmış ve sekiz cennet kapısına işaret ettiği kabul edilmiştir.

Sekiz köşeli yıldızın her bir burcu bir erdemi simgelemektedir ki bu erdemler İslam'ın temel direkleri olarak kabul edilirler. Bunlar; **merhamet ve şefkat, sabretmek, doğruluk, sır tutmak, sadakat, fakirliğini ve âcizliğini bilmek, cömertlik, Rabb'ine şükretmek** olarak sıralanmıştır.

و (Vav)

Arap alfabesinin 27'nci, Osmanlı alfabesinin 29'uncu, Fenike alfabesinin altıncı harfidir. Vav sembol olarak yüzyıllar boyu İslam kültürü ve Tasavvuf'unda cami, dergâh, tekke gibi yerlerde gravür olarak kullanılmasının yanı sıra hat ve ebru sanatında çok önemli bir yer teşkil etmektedir. Bunların yanı sıra günümüzde yüzük, kolye, saat gibi takılarda da kullanılmaktadır. Vav birçok farklı anlamla yorumlanır. Edep anlamına geldiği gibi, insanın secde ederken aldığı şekle benzemesinden dolayı teslimiyet olarak da yorumlanıp Allah'a kul olmayı sembolize eder. İbni Arabi Vav için "Vav seçkinlerin seçkinlerinde belirginleşip ortaya çıkar. Yolun sonu ona aittir" demiştir.

Anne karnındaki çocuğun şekline benzemesinden dolayı Sufiler Vav harfini, Allah'ın tekliğini ve Allah'ın Vahit isminin sembolü kabul edip, Vav harfinin kâinatı temsil ettiğini söylemişlerdir. Bazı Tasavvuf âlimleri içinde Vav ebcet hesabında 6 rakamını temsil ettiği için imanın 6 şartını simgelemektedir derler.

ا (Elif)

Kuran-ı Kerim "Elif" ile başlar. Bu harf Kuran-ı Kerim'in ilk harfidir. Arap ve Fars alfabesinde ilk sıralarda yerini almaktadır.

Elif her zaman tek ve dik yazılan bir harftir. Vav harfinin kâinatı temsil etmesi gibi "Elif" harfi de kâinatın anahtarını temsil etmektedir. Bir inanışa göre Elif alfabenin ilk harfi olduğu için diğer harflerin de sebebidir.

Bu harf düz bir çizgiden oluşmaktadır ve noktası yoktur. Kendisinden sonra gelen hiçbir harf ile birleşmemektedir. Bu özelliği de "Vahdet"i temsil ettiğinin ayrı bir kanıtıdır.

Bu harf alfabenin ilk harfi olduğu için bütün harflerin evveli sayılmaktadır. Allah (c.c.) da bütün varlıkların evvelidir.

Ebcet Hesabı'nda Elif harfi bir sayısına tekabül eder. Bu özelliği ile bu harf Allah'ın birliğini temsil etmektedir.

Yunus Emre ile ilgili menkıbelerin biri de Elif'ten söz eder. Yunus çocukken, dini bilgileri öğrenmek için mahalle mektebine gider. Orada, Elif harfinden başka hiçbir şeyi telaffuz etmek istemez. Günler, aylar, hatta yıllar böyle geçer, o bir türlü be harfine geçemez. Dilinden sadece Elif harfi dökülür. Sonra bir gün dili çözülerek hocasına: *"Elif okuduk ötürü/ Pazar eyledik götürü/ Yaratılmışı hoş gördük/ Yaradan'ından ötürü"* deyip mektebi terk eder. Yunus Emre şiirlerinde Elif'i kavram olarak çok sık kullanmış ve şiirlerinde derinlemesine bu harfi tahlil etmiştir. Elif, tasavvufta bir başka anlama daha işaret eder.

Tasavvuf ekolünde elif harfi düz ve ince bir çizgi şeklinde olmasından ötürü dik durma, eğilmeme ve doğruluk anlamlarını sembolleştirir. Allah'tan başkasının önünde eğilmeme ve her zaman için doğru, dürüst olma Elif'i duruşunun temel özellikleri olmaktadır. Bu da dervişliğin olmazsa olmaz şartlarındandır. Elif'in bu manası günlük hayat içine de bir anlayış olarak girerek; ideal toplumsal yapının Elif gibi düzgün, ince, yalan ve yanlış olan karşısında eğilmeyen insanlarla kurulabileceği söylenmektedir.

Elma

Elma cennetten kovulmanın sembolü, Kızıl Elma bir hedefin ve rüyanın sembolü, mitolojide Herakles ve Elma, Tevrat'ta sevgi ağacı Elma, İncil'de Elma. Sadece bunlarla da ibaret değil Elma birçok alanda ve farklı kültürlerde üzerine çok büyük önem atfedilen sembollerden biri olmuştur. Tasavvufta nefis ve irade terbiyesinin zorlukları aşıldıktan sonra gelen anlayış ve enerjiyi tarif etmek için birçok sufi şiirlerinde ve menkıbelerinde elmaya yer vermişlerdir.

Şarap / Sarhoş / Sarhoşluk

Bazı tasavvuf ehli eserlerinde "şarap-meyhane" gibi kavramlara sıkça yer vermişlerdir. Burada kullanılan kavramlar, semboliktir. Mesela, dergâh meyhane ile mürşit meyhaneci ile dergâha hizmet edenler sakiler ile alınan feyiz içilen şarap ile sembolize edilir. Ancak bu manadan nasibini almayanlar, bu ifadeleri görünüşe göre değerlendirmişler, gerek art niyet gerekse bilgisizliklerinden bunu hep yanlış anlatmışlardır. Bununla ilgili Mevlana *Mesnevi*'sinde şöyle demektedir. "Senin içtiğin şarap haramdır. Biz helal olan şaraptan başka içmiyoruz. Çalış da yokluktan varlığa ulaş. Allah şarabıyla sarhoş ol."

Şarap kelimesi Arapçada genel anlamda içecek kavramına karşılık gelmekle birlikte zaman içerisinde üzüm suyundan yapılan alkollü içkinin adı olarak kullanılmaya başlanmıştır. Klasik şiirde mey, bade, hamr, mül, ab-ı engur, asir, duhter-i rez, sahba, selsal vb. isimler de şarap anlamında sıklıkla kullanılan kelimelerdir. Şarap ve benzeri sarhoşluk verici maddeler geçici de olsa bir şuursuzluk hali meydana getirdikleri için İslam dininde haram sayılmış, şarap içmek büyük günahlar arasında yer almıştır. Haram olmasına rağmen şarabın tasavvuf merkezli klasik şiirde sıklıkla yer alması, onun zaman içerisinde kazanmış olduğu sembolik anlamına bağlanmaktadır. Pürcevadi bununla ilgili şöyle demektedir: "Şarap ve aşk konulu şiirler, 5. yüzyıldan başlayarak bir dizi felsefi-tasavvufi düşünce için bir araç haline geldi ve şair düşünürlerle sufi meşrep şairler, harabatilerle şarap ehlinin ve âşıkların tabirlerini ilahi gerçeklerin ve fizik ötesi anlamların sembolü olarak kullanır oldular ve bu tabirlerin sayısını artırarak alanı daha da genişlettiler." Şarabın tasavvuf ekolünde ve tasavvuf edebiyatında sembol olarak ilahi aşkı karşılaması, onun sarhoşluk vermesi, geçici olarak aklı hükümsüz kılması gibi özellikleriyle tasavvuftaki "sekr" hali arasındaki benzerliğe dayanmaktadır.

TASAVVUFTA SAYILARIN EZOTERİK ANLAMLARI

Sayılar günlük hayatımızın her alanında bizimle olan değişmez sembollerdir. Farkında olsak da olmasak da sürekli sayıları birçok alanda kullanırız. Kendimizi, işimizi sayılarla anlamaya ve anlatmaya çalışırız. Çünkü her sayının bir anlamı ve işlevi vardır. Çağlar boyu insanın gerek bireysel gerek toplumsal olarak gelişmesinde sayılar etkin ve önemli bir rol oynamıştır.

Günümüzde de hayatımızda daha fazla belirleyici ve anahtar rol oynamaktadırlar. Tarih boyunca insanlar her şeyi saymışlar ve hesaplamışlardır. İlk insandan bu yana sayıların maddi ve manevi değerleri hesaplamak için kullanılması onların hayatın her alanında kullanılmasının da yolunu açmıştır. Bütün matematik kavramlar sayı kavramlarından türemişlerdir. Bütün bilimsel araştırmalar sayıların teorisi üzerinden hesaplanmıştır.

İnsanların ilk kullandığı sayılar pozitif sayılar olmuştur. 1, 2, 3 gibi. Daha sonra negatif kabul edilen "0", sonrasında kesir sayıları ve daha sonra irrasyonel sayılara ulaşılmıştır. İrrasyonel sayılar da kendi içlerinde daha genişleyerek ve derinleşerek cebir, transandant sayılar ortaya çıkmıştır. Ve bütün bunlara reel sayılar denilmiştir. Bunların üzerine de karmaşık sayılar eklenerek sayılar teori ve estetik bağlamda özel bir yapıya ulaşmışlardır. Özellikle sayıların mistik anlamlar içerdiğine tarih boyunca hep inanılmıştır. Bütün dinlerde ve inançlarda sayılarla hesaplamalar yapılmış ve bazı sayılara özel anlam ithaf edilmiştir. İslam kültüründe de sayılar her zaman önemli bir yer bulmuşlardır. Sayıların gizemli ve batini anlamları ise İslam kültüründe Tasavvuf aracılığı ile ele alınmıştır.

İslam dininde Kâbe'nin 7 kere tavaf edilmesi, namazdan sonra tespihlerin 33 kere ile çekilip 99'a tamamlanması veya Esma-ül Hüsna'nın 99 adetten oluşması bunlara birer örnektir. Gerek ibadetlerde, gerekse çekilen tespihlerde bir sayı sınırlaması olması sayıların önemini bizlere göstermektedir. Sayılara takılmaya, ibadetleri, zikirleri sayılarla tanımlamaya bazı din âlimleri karşı çıkmaktadır, onlara göre sayılar sadece birer ölçüdür. Bunun yanı sıra Kuran-ı Kerim'deki ayetlerden, surelere belirli bir sayı düzenini görmekteyiz.

-1-

1 sayısı tek olanı, kudretli olanı temsil eder. İslam'da 1 ve tek olan sadece Allah'tır. Allah lafzının ilk harfi elif 1 şeklindedir ve ebcet hesabında değeri 1'dir. 1 sayısının en önemli özelliği ise kendinden önce hiçbir değeri olan sayının gelmemesidir. 1'den önce "0" vardır o da hiçliği, boşluğu temsil eder. Bütün varlıklar 1 ise mutlak olandır ve tüm sayılar ondan sonra gelir. Bütün sayılar 1'den türer, 1000'den 1'i çıkardığımızda elimizde kalan tek şey koca, değersiz bir boşluktur. İslam kültüründe "1" mutlak varlığı ifade etmektedir. Tasavvufta 1 sayısı bütün sayıların özü olarak kabul edildiği için 1'e sayı gözüyle bakılmaz zira o her şeyin öncüsü ve başlangıcıdır. Yani tek olan ve öz olandır. Muhyiddini İbni Arabi'ye göre 1 sayısı Allah lafzının sayılar âlemindeki mazharıdır. Allah lafzı diğer bütün isimleri kendisinde topladığı için bütün sayılar 1'in hükümleridir. Kısacası 1 sayısı ilahi olanın sembolüdür.

-2-

Mülk âleminin sayısı kabul edilir. Zıtlık ve kutupluğun sembolü olan 2 sayısı içinde bulunduğumuz âlemi simgeler. Çünkü âlemde her şey zıtları ile vardır. Zuhruf Suresi'nde "Ve o ki bütün çiftleri yarattı ve sizin için gemilerden ve yumuşak hayvanlardan bineceğiniz şeyler yaptı" ayeti 2 sayısının yorumu kabul edilir. Tasavvufta 2 sayısı zıtlığı temsil etmesi açısından önemli kabul edilmiştir. Çünkü her şey ancak zıddı ile anlaşılır. Zıt anlaşılamadan tek olana ulaşamayız.

-3-

Birçok inanışta ve felsefe ekolünde 3 sayısı önemli bir yerde bulunmaktadır. Pisagorculara göre 3 sayısı ilk gerçek sayıdır. Üç geometrik şekil bir üçgeni oluşturan ilk sayıdır. Aynı zamanda üç uyum yasası bilgelik ve anlayışın yasasıdır. Zamanı 3 açıdan ele alırız; geçmiş, şimdiki ve gelecek zaman. Üç kutsalın sayısıdır ve birçok dinden kutsal sayılmaktadır. Aynı zamanda birçok inanışta ritüeller 3 defa tekrarlanır. İslam dininde de 3 sayısı önemli bir yer teşkil etmektedir. Bazı zikirlerde okuduğumuz sureyi veya ayeti 3 defa okuruz. Suyu 3 yudumda içmek, ekmeği ve Kuran-ı Kerim'i 3 defa öpmek gibi, namazda rükû ve secdede 3 defa söylediklerimizi tekrar etmek gibi detaylar hayatımızın içinde yer almaktadır. Allah'ın 99 ismi 3 sayısının katıdır, 3 sayısı anlam kazanmaktadır. 3 sayısı tek sayıların ilkidir.

Allah'ın "Ol!" emrinin Arapçası "Kun!" olup 3 harflidir. İbni Arabi'ye göre âlem üçlü bir yapıdan meydana gelmiştir. Bu açıdan 3 sayısı yaratmanın sayısıdır.

-4-

4 sayısı ilahi bir hükme ve detaylı bir geniş makama sahiptir. Peygamberlik makamının altındaki manevi makam 4 sayısı ile sınıflandırılmıştır. Bu makam sıdıkların makamıdır. Aynı zamanda toprak, hava, su, ateş elementlerini de temsil eden 4 sayısı bu açıdan insan üzerinde etkili bir semboldür.

- İslam dininin 4 Sünni kolu vardır: Hanefi, Şafii, Maliki, Hanbeli.
- Tasavvufta Allah'a ulaşmanın dört yolu: Marifet, Hakikat, Şeriat, Tarikat
- Kuran-ı Kerim'de 4 cennet ırmağından bahsedilmiştir.
- Kitap verilen 4 büyük peygamber vardır: Hz. Muhammed, Hz. Musa, Hz. Davut, Hz. İsa
- Allah tarafından gönderilen 4 kitap vardır: Kuran-ı Kerim, İncil, Tevrat, Zebur

- İslam'da 4 büyük melek vardır: Azrail, Cebrail, Mikail, İsrafil

- 4 büyük halife vardır: Ebu Bekir, Osman, Ömer, Ali

- Namazın 4 aşaması vardır: Kıyam, Rükû, Secde, Tahiyyat

- İslam'da yaşamın 4 aşaması vardır: Dünya, Ahiret, Kabir, Haşr,

- İslam dininde helak edilen 4 kavim vardır: Lut, Nuh, Ad, Semud

- İslam'da 4 temel ibadet vardır: Namaz, Oruç, Zekât, Hac

-5-

5 sayısı yaşam ve sevginin sayısıdır. Nesneleri beşli halde sınıflandırma alışkanlığı da 5 sayısının önemli atfedilmesine sebep olmuştur. Aynı zamanda insanın 5 parmaklı eli sembolü birçok kültürde kullanılan bir sembol olmuştur. İslam kültüründe Hz. Muhammed'in kızı Fatıma'nın eli olarak kabul edilen bu sembol İslam dünyasında çok yaygındır. Ayrıca İslam'ın 5 şartı ve namazın 5 vakit kılınması İslam kültüründe 5 sayısının önemini göstermektedir.

-6-

6 mükemmelliğin sayısıdır. Yaradan âlemi 6 günde yaratmıştır ve onu mükemmel bir şekilde bezemiştir. Bu açıdan baktığımızda 6 sayısı mükemmelliği ve tamamlamayı temsil eder.

-7-

7 sayısı dünyanın yaratıldığı günden bugüne insanları kendisine hayran bırakmış bir sayıdır. Gündelik hayatımızda 7 sayısı ile birçok şey duymuşuzdur. Birçok kültürde 7 sayısı en gizemli ve en değerli sayı kabul edilmiştir. Tasavvufta birçok zikir 7 defa tekrar edilmektedir. Manevi olarak ise en üst 7 makam vardır. Özellikler Kuran-ı Kerim'de 7 sayısı ile birçok ayet vardır:

> *"Andolsun, sana çiftlerden yediyi ve büyük Kuran'ı verdik."* (Hicr)

> *"De ki: Yedi göğün Rabb'i ve büyük Arş'ın Rabb'i kimdir?"* (Müminun)

"Görmüyor musunuz; Allah, yedi göğü birbirleriyle bir uyum (mutabakat) içinde yaratmıştır?" (Nuh)

"Yedi göğü ve yerden de onların benzerlerini yaratan Allah'tır. Allah'ın gücünün her şeye yettiğini ve yine Allah'ın ilminin her şeyi kuşattığını bilesiniz diye O'nun buyruğu gelip, bunlar arasında (bütün evrende) sürekli gerçekleşir." (Talak)

7 sayısına baktığımızda:

- Babil'de 7 gezegen vardır.
- Hayat ağacının dalı yedidir.
- Tasavvufta özellikle İhvanı Safa bilginlerine göre 7 sayısı kâmil insanı temsil etmektedir.
- İslam'da dünya 7 katlı yaratılmıştır.
- Kâbe 7 kere tavaf edilir.
- Safa ve Merve arasında 7 kere gidip gelinir.
- Fatiha Suresi 7 ayettir. Kuran'da Fatiha Suresi'nin bu rakamla ilişkisi vurgulanmıştır. Mekki mukattaat sureler sisteminde 7. sırada yer alan Hicr Suresi'nde yapılmıştır. Söz konusu ayet de (son rakamı 7 olan) 87. ayettir.

- 7 rakamı ebet kelimesinin ebcet değeridir. Tekvin sıfatı kudret sıfatı içinde düşünüldüğünde Allah'ın subuti sıfatlarının sayısı 7'dir.
- Namazda secdede insanın 7 uzvu yere değmektedir.
- Dünya 7 kıtadır.
- İslam'da 7 mertebe vardır.
- Mevlana'nın 7 öğüdü vardır.
- *Mesnevi*'de 7 yıldız ve 7 akıldan bahsedilmektedir.

-40-

İslam kültüründe yaygın şekilde kullanılan 40 sayısı büyüleyici ve kadim bir sayı olarak kabul edilir. Tasavvuf ehline göre 40 sayısı ruhani olgunluk bakımından önemlidir. Yine Tasavvuf'ta manevi yükseliş için 40 gün çile çekilmektedir. Buna örnek olarak Musa'nın (a.s.) Tur Dağı'nda 40 gün yaşaması gösterilmiştir. Hz. Muhammed'e peygamberliğin 40 yaşında gelmesi ve Müslümanların sayısı 40 olduktan sonra İslam'a tebliğe başlamaları 40 rakamının İslam kültüründe önemli olarak kabul edilmesinde önemli bir rol oynamıştır. Yine tasavvufta 40'lar meclisi, 40'lar meydanı gibi bunlar da 40 rakamının kullanımıyla ilgili birer örnektir.

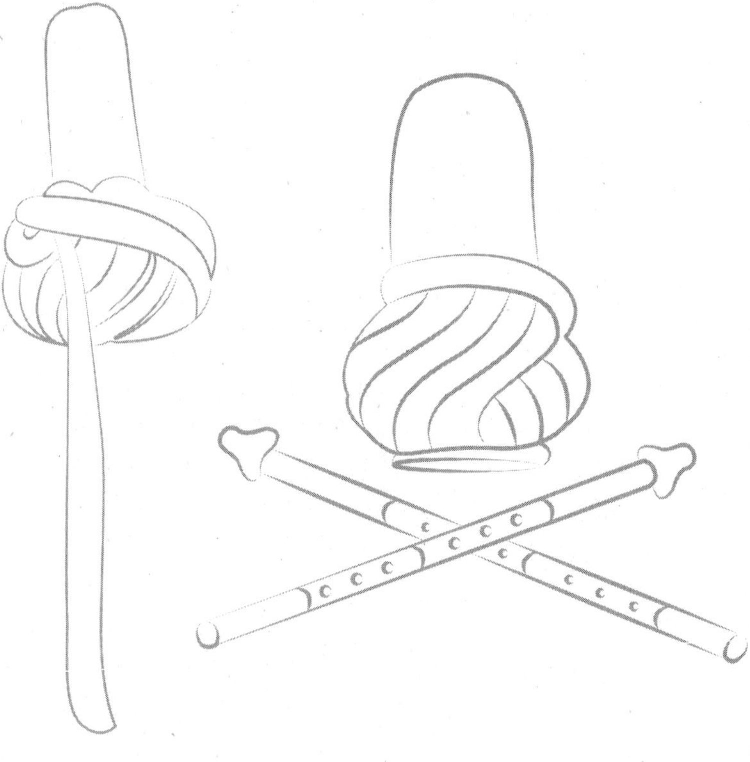

TASAVVUF MUSİKİSİ

Tasavvufta müzik eğlenmek ve vakit geçirmek için değildir. Kişinin ilahi olan aşkını ve kulluğunun farkına varması için yapılmaktadır. Tasavvufta müzik nefes, dokunuş ve ritim ile yapılır. Mevlevi musikisi tasavvuf müziğinin temeli olarak kabul edilir. Tasavvuf müziği vahdet-i vücut anlayışıyla bestelenmiş dini yapıtlardan oluşur. Mevlevi, Bektaşi, Celveti, Gülşeni, Halveti, Kadiri ve Nakşibendi tarikatların da tasavvuf müziği vardır. Ancak bunların içinde sanat değeri taşıyan en gelişmiş müzik Mevlevi müziğidir. Itri Efendi, Osman Dede, Ahmet Ağa gibi besteciler tarafından bestelenen bu yapıtlar aynı zamanda Türk Tasavvuf Müziği'nin başyapıtlarıdır. Tekkelerde her tarikatın kendine ait özel zikir şekilleri vardır. Belirli gün ve gecelerde yapılan bu zikirlere genel anlamda "ayin" denilse de kelime zamanla Mevlevi tarikatına ait zikrin ve bu esnada okunan musiki eserinin özel adı olarak kullanılmaya başlanmıştır. Tekkelerde düzenlenen bu ritüellerde asıl amaç zikirdir. Kuran-ı Kerim'in birçok ayetinde tekrar edilen, "Allah'ı zikrediniz" tavsiyesini uygulama anlayışı içerisinde teşekkül edip gelişen tasavvuf toplantılarındaki zikir meclislerinde bazen beraberce, bazen yalnız okunan eserler bir musiki meclisi oluşturmaktadır. Bu musikilerde amaç eğlenmek değildir. Burada amaç ilahi ve huşu bir biçimde Allah'a yönelip onu zikretmektir.

Tasavvuf Musikisinde Kullanılan Müzik Aletleri

Ney

Tasavvuf ehline baktığımızda dergâhlarda, tekkelerde zikir ve cemederken bendir ve neyin kullanıldığını görürüz. Mevlana Ney Allah'ın lisanıdır der. Mevlana'ya göre Allah (c.c.) bezmi elestte "Ben sizin Rabb'iniz değil miyim?" diyerek ruhlara musiki eşliğinde seslenmiştir. Bu yüzden Ney özellikle Tasavvuf ehli için önemli bir yerde durmasının yanı sıra tarih boyunca Türk musikisinin ve tasavvuf ehlinin de en önemli musiki aleti olmuştur. Neyde bulunan yedi adet delik tasavvuf ekolünde 7 Esma olarak yorumlanmıştır.

Mevlana Celaleddin-i Rumi'nin *Mesnevi* eserinin girişinde "Dinle Ney'den kim hikâye etmede" diye başlayan 18. beyitte Ney'den bahsetmektedir. Neyin icadı ile ilgili olarak, Hz. Muhammed Mustafa'nın (s.a.v.) ilahi bir sırrı Hz. Ali'ye söylemesinden sonra Hz. Ali'nin bu sırrın manevi yüküne dayanamayıp onu susuz bir kuyuya bağırdığı ve daha sonra bu kuyudan çıkan kamışlardan her rüzgâr estiğinde bu sırrın etrafa yayıldığı yolunda bir menkıbe anlatılır. Farsçada "kamış" anlamına gelen nây kelimesi Türkçede çok uzun yıllar bu şekilde kullanıldıktan sonra zamanla neye dönüşmüştür. Bu musiki aletine nefes verip üfleyenlere de Neyzen denilmiştir. Ney'in tarihçesi araştırıldığında, bilinen en eski nefesli enstrümanlardan biri olduğu bilinmektedir. İslam tasavvufunun simgesi olan Ney'in bu denli sembol haline gelmesi büyük tasavvuf ehli Mevlana Celaleddin-i Rumi sayesinde olmuştur.

Bendir

Bendir daire şeklinde, 40 ila 60 cm genişlikteki bir kasnak üzerine gerilen deriden oluşturulan bir çalgı türüdür. Vurmalı saz olarak da bilinir. Bendire "enstrüman ritim sazları" denilmektedir. Herhangi başka bir alete ihtiyaç olmadan tek başına çalınır. Özellikle Türk Mevlevi musikisinde kullanılan bir müzik aletidir.

Nevbe

Nevbe Arapça ve Farsçada yer alan "sıra, nöbet" anlamındaki nevbe/nevbet kelimesi daha çok tasavvuf musikisinde kullanılmıştır. Tekkelerde özel zikirlerde kullanılan nevbe belirli özel günlerde de önemli bir yerde bulunmaktadır.

Rebap

Tasavvuf müziğinde özellikle Mevlevi dergâhlarında kullanılan yaylı bir çalgı olan Rebap, Farabi tarafından icat edilmiş ve birçok yaylı çalgının da öncülü olarak kabul edilmektedir.

SEMA AYİNİ

Sema, Arapça kökenli bir kelimedir. Anlam olarak gökyüzü ve dinlemek demektir. Zamanla tasavvuf inancına sahip olan sufilerin şiir ve ilahiler eşliğinde kendi etraflarında dönerek yaptıkları zikir pratiklerinden birinin de ismi olmuş. Sufiler Sema'da, evrenin hakikatlerinin işitildiğine ve öğrenilen bu hakikatler doğrultusunda yaşanılması gerektiğine inanmaktadırlar. Sufiler, İslam'ın ilk devirlerinden itibaren Sema'yı, vecdi, musiki ve şiir dinlerken kalkıp hareket etmeyi, dönmeyi kabul etmişlerdir. Ortaya çıkışından itibaren Sema'nın İslam dini ile bağdaşıp bağdaşmayacağı çok tartışılmış; sufilere göre helal; tarikatla ilgisi olmayan din bilginlerine göre ise haram kabul edilmiştir.

13. yüzyılda Mevlana tarafından yapılan Sema, Mevlana'dan sonra, tasavvuf inancının Mevlevilik adı altında bir tarikat haline gelmesiyle kendi başına bir tören haline gelmiştir.

Bu kendi etrafında dönme ritüeli sadece sufilere özgü bir ritüel değildir. Geçmişi Şamanizm'e kadar uzanmaktadır. Birçok eski uygarlık insanın kendi etrafında dönüşünün transını derinleştirmektedir.

Sufiler için Sema'nın felsefesi, varoluşun temelinde "dönmek" eylemine dayanmaktadır. Elektronların, protonların, damarlarımızdaki kanın, dünyanın, yıldızların ve diğer gezegenlerin sürekli bir devir halinde olduğu gibi insanın da "aşk" ile pervane olmasını temsil etmektedir. İnsanın topraktan gelip toprağa gideceği gerçeğinin bir nevi simülasyonudur. Kişinin hakikate yönelip aşkla nefsini terk etmesini, Allah yolunda olgunluğa ererek yeniden kul olmasını temsil etmektedir.

Sema, toplam 7 bölümden oluşmaktadır:

1. **Bölüm:** Nat-ı Şerif adlı bölümde Hz. Muhammed (s.a.v.) ve diğer tüm peygamberler methedilmektedir.

2. Bölüm: "Kün!" ("Ol!") diyerek, Kudüm (müzik aleti) darbesi ile Allah'ın kâinatı yaratışı sembolize edilmektedir.

3. Bölüm: Bu bölümde, Allah'ın hayat veren nefesini sembolize eden ney üflenmektedir.

4. Bölüm: Semazenler birbirlerine üç kere selam vererek yürürler.

5. Bölüm: Semazenler üstlerindeki hırkayı çıkarıp sembolik olarak doğmuş olurlar. Sonrasında Şeyh Efendi'nin elini öperek Sema'ya izin alırlar ve dört kez dönüş hareketi yaparlar.

6. Bölüm: Kuran-ı Kerim'in Bakara Suresi'nden ayetler okunur.

7. Bölüm: Dualar ve Fatiha ile Sema sona erer ve semazenler hiç konuşmadan sessizce dinlenmeye çekilirler.

Sema esnasında ritüeller ve kıyafetler:

Dönmek: Sema törenlerindeki meşhur dönme hareketi de her şeyin topraktan gelip toprağa geri dönmesini, inanan kişinin Allah'tan gelip ona geri dönüşünü simgeler.

Kıyafetler: Semazenin üzerindeki kıyafetlerin sadeliği de ölümlü dünyanın geçiciliğine, ahiret hayatının ebediliğine işaret etmektedir. Semazenin sikkesi yani başlığı insanın kötü huylarını "*nefsinin mezar taşı*"nı temsil eder, tennuresi yani kıyafeti ise "*nefsinin kefeni*"ni, hırkası ise nefsini temsil eder. Semazenin Sema'ya başlarken hırkasını çıkarması manevi bir temizliğe başlamasını ifade eder.

Kolların Pozisyonu: Dönmeye başlamadan önce semazenler ellerini çapraz bir şekilde omuzlarına koyarlar Bu figür yandan bakıldığında Arap alfabesinin ilk harfi olan elife benzer. Bu da Allah'ın birliğine gönderme yapmaktadır. Semazenin kolları açık sağdan sola dönerken de sağ eli yukarı yani Allah'a, sol eli aşağı yani toprağa bakar. Burada, Allah'tan aldığını, dünyevi hayata aktarması sembolize edilir.

TASAVVUFUN ÖNEMLİ İSİMLERİ

Hallac-ı Mansur

Asıl adı Ebu Abdullah Hüseyin bin Mansur el Beyzavi el Hallac'dır ancak halk arasında Hallac-ı Mansur olarak bilinir. Hicri 244 miladi 858 yılında İran'ın Tur köyünde doğmuştur. Babasının pamukçu olmasından dolayı Hallac lakabıyla anılır...

Manevi sırları hallaç pamuğu gibi savurduğu için Hallac-ı Esrar olarak da bilinir. İslam dünyasının en tartışmalı isimlerinden biri olan Mansur, İran'da doğmuş olmasına rağmen küçük yaşlarda Kuran-ı Kerim'e olan ilgisinden dolayı Arap kültürünü daha fazla benimsemiştir. Kuran-ı Kerim'i daha o yaşlarda ezberleyip Sünni ulemayı hayretlere düşüren yorumlar getirmesi isminin herkes tarafından bilinmesine yol açmıştır. Sünni ulemanın önde gelenlerinden eğitimler alan

Hallac-ı Mansur ardından Basra'ya gidip yine burada ünlü bilgin Amr Bin Osman Mekki'den eğitimler almıştır. Henüz 18 yaşında birçok âlimin eğitim rahlesinden geçen Mansur çevresinde hayranlık uyandıran bir isimdi. Yine dönemin büyük âlimlerinden Ebu Yakup El-Yakta kızı Ümmü Hüseyin ile Hallac-ı Mansur'u evlendirdi. Ancak Mansur'un bu evliliği mezhep çatışmalarının şiddetle yaşandığı Basra'da hoşnutsuzlukla karşılandı. Dönemin büyük Sünni âlimlerinden olan Cüneyd El Bağdadi ile tanışınca kendisine yapılan haksız yorumlara kulak asmamaya başladı. Cüneyd El Bağdadi, Mansur'a sürekli sakin olmasını öğütlese de bir süre sonra Mansur söylentilerden ve baskılardan sıkılıp Basra'yı terk etti. Bir sene boyunca Mekke'de kalan Hallac-ı Mansur Kâbe'ye kapanıp çile sürecine girdi. Ardından oradan da ayrılıp Basra'ya geri döndü. Gittiği her yerde halkın yoğun ilgisiyle karşılaşan Hallac-ı Mansur, nerede olursa olsun İslam öğretilerini açıksözlülükle dile getirmekten çekinmedi. Özellikle Türklerin İslam dinini kabul etmesinde Hallac-ı Mansur'un çok büyük bir rolü vardır. Türkistan ve Hindistan'da bulunduğu dönemlerde onun sohbetleri sayesinde İslamiyet'i seçenlere daha sonraları Mansuri bile denildi. Ancak Hallac-ı Mansur'un açıksözlülüğü ve her yerde doğruları savunması siyasi mekanizmanın tepkisini çekti. Özellikle mezhep çatışmalarının ve iktidar kavgalarının sık yaşandığı bir dönemde halkın da ilgi odağı olan Hallac-ı Mansur iktidar açısından bir tehdit unsuru olarak görülüyordu. Hallac-ı Mansur sohbetlerinde "Her şey Allah'a bağlıdır. Ve her şey Allah'tandır" öğretisini savunuyor ve anlatıyordu. Mansur'u bir bahane bulup sindirmek isteyen Abbasi iktidarı bir sohbeti esnasında kendinden geçmiş cezbe halindeyken "Ene-l Hak!" (Ben Hakk'ım) demesi üzerine, 918 yılında onu Sus'ta gözaltına aldı. İktidar Hallac-ı Mansur için idam fetvası isterken dönemin Şafi, Maliki, Sünni kadıları idam kararına karşı çıktı. Bunun üzerine hücreye atılan Hallac-ı Mansur'un ünü birdenbire daha da yayıldı. Halk arasındaki hoşnutsuzluklar giderek artarken Hallac-ı Mansur'a olan destek de diğer yandan çığ gibi büyümeye devam etti. Sekiz yıl boyunca gözaltında tutulan Hallac-ı Mansur bu süreçte ünlü eseri *Tavasin*'i tamamladı. Tutuklu bulunduğu yıllarda ünü azalacağına daha da arttı. Böylece iktidarın da ağır baskısıyla Maliki kadısı Ebu Ömer, Mansur'un idamına hükmetti. Hanefi kadısı İbnü'l Bühlül'ün sert muhalefetine ve baskısına rağmen idam kararından geri dönülmedi ve Hallac-ı Mansur hicri 309 miladi 922'de Bağdat'ta önce kırbaçlandı ardından burnu ve ayakları kesilerek işkenceye maruz kaldı. Ölümünden sonra bedeni yakılarak külleri Dicle'nin sularına savruldu.

Mevlana Celaleddin-i Rumi

"Gel, gel, ne olursan ol yine gel. İster kâfir, ister Mecusi, ister puta tapan ol yine gel." Bu efsane sözlerin sahibi Mevlana 30 Eylül 1207 tarihinde bugün Afganistan sınırları içerisinde yer alan Horasan'ın Bleh şehrinde doğmuştur. Asıl ismi Celaleddin Muhammed'dir. Annesi Mümine Hatun, babası ise Sultanul Ulema denilen Bahaeddin Veled'dir.

Babası Bahaeddin Veled yaklaşan Moğol istilası ve siyasi çalkantılar nedeni ile Belh'ten ayrılıp ailesi ile birlikte Nişabur kentine yerleşmiştir. Nişabu kentinde Feridüddin Attar ile tanıştılar. Henüz o küçük yaşında Celaleddin, Attar'ın ilgisini çekti. Feridüddin Attar, Veled'e "Bu çocuğunu aziz tut, herkesin ilgisini çekecek ve gönüllere aşkın ateşini salacak" dedi. Ardından Mevlana küçük yaşlardan itibaren babasından felsefe ve din eğitimi almaya başladı. 1214 yılında Bağdat'a ardından da 1218 yılında ailesi ile Karaman'a göçen Mevlana'ya burada dönemin Selçuklu sultanı Alaaddin Keykubat tarafından Konya'da bir medrese inşa edildi. Batıdaki Anadolu toprakları "Rum diyarı" diye isimlendirildiği için isminin sonuna Rumi lakabını almıştır. Sevenleri ve öğrencileri tarafından da "Efendi" anlamına gelen "Mevlana" lakabıyla tanındıktan sonra da Mevlana Celaleddin Rumi olarak bilinmeye başladı. Mevlana'nın

Tasavvuf ekolünde önemli bir yer edinmesi ise bir derviş olan Şemsi Tebrizi ile tanışmasından sonra olmuştur. Şemsi Tebrizi ile tanışana kadar büyük bir İslam âlimi olan Mevlana, Şems ile yolları kesiştikten sonra Tasavvuf âleminin derinliklerine dalmış ve Tasavvuf kültüründe büyük etki bırakan bir mutasavvıf olmuştur. Mevla ve Şems'in karşılaşması ile birçok rivayet vardır, onlardan biri de şudur: Mevlana öğrencileri ve sevenlerine vaaz verirken Şems kalabalığın arasından yüksek sesle:

"Ey âlim, sana bir sualim var" der.

Mevlana bu sesi duyar ama ilk başta cevap vermez. Bunun üzerine Şems bir kez daha:

"Ey âlim sana bir sualim var, cevaplar mısın?" der. Bunun üzerine Mevlana kalabalığın içerisinde kendisine seslenen, siyah giyinmiş yabancıya bakar ve "Buyur sualin ne ise sor" diye karşılık verir. Kalabalık sorulacak olan soruya olan merakından yabancıya bakakalmış durumdadır. Şemsi Tebrizi "Burada okuttuğun ilmin amacı nedir?" der. Mevlana yabancıya bakarak "İlmin amacı dinin yasakladıklarından kaçmak ve Allah'ın emir buyurduklarını yapmaktır" diye cevap verir. Bunun üzerine Şems herkesi hayrete düşürecek şekilde "Hayır" der. Kalabalık nereden geldiği ve kim olduğu belli olmayan yabancının Mevlana karşısında böyle rahat bir şekilde davranmasına bozulur ancak Mevlana sakinliğini bozmadan "Peki öyleyse sen söyle, ilmin amacı nedir?" der. Şemsi Tebrizi karşılık olarak "İlmin amacı ilahi olan aşka ulaşmaktır. Kişiyi Allah'a ulaştırmayan, O'nun aşkıyla yandırmayan ilim ilim değildir" der. Bunun üzerine Mevlana onu kütüphanesine sohbet etmeye davet eder. O dönem Mevlana'nın kütüphanesi dönemin en etkileyici kütüphanelerinden biridir. Ve Mevlana kütüphanesine çekilip sürekli kitap okumasıyla meşhurdur. Ancak bunların hiçbirisi Şems'in ilgisini çekmez. Şems, Mevlana'ya "Herkes senin çok büyük âlim olduğunu söylemektedir. Bana en sevdiğin 5 kitabını göster" der. Mevlana kütüphanesinde önem atfettiği 5 kitabı çıkararak Şems'e gösterir. Şems kitapları alıp kütüphanede bulunan havuzun içine atar. Suya gömülen kitapların içindeki mürekkep suya karışır ve kitaplar okunamaz hale gelir, bunun üzerine Mevlana kitapları kurtarmak için hamle yapar ama çok geç kalmıştır. Şems, Mevlana'nın bu çabasına ve havuzdaki kitaplara bakarak "Neyi aradığını bilmelisin. Aradığın şey o kitaplarda değil. Okuyarak öğreneceksin belki ama ancak arayarak bulacaksın" der. Mevlana bu sözler üzerine Şems'in derinliğini anlar ve buz keser. Şems "Kır kaleminin ucunu, arayışına başla. Aradığını kitaplarda değil, âlemde, kendinde ara" der. Mevlana bunun üzerine Şemsi Tebrizi'yi mürşidi olarak kabul eder ve onun izinden Tasavvuf âleminin derinliklerine yolculuk yapar. Bu yolculuğun sonunda günümüze kadar uzanan Mevlevilik ortaya çıkar. Mevlana ve Şems'in karşılaşmasının bir diğer rivayeti de şudur: Şems bir gün Mevlana çarşıda yürürken karşısına geçip "Sen Sultanul Ulema oğlu Celaleddin'sin değil mi?" diye sorar. Mevlana "Evet" diye karşılık verir. Bunun üzerine Şems "Sana bir sorum var, Bayezid Bestami mi büyüktür (Bayezid-ı Bestami, tasavvuf yolunda tıpkı Hallac-ı Mansur gibi Ene-l Hak diyecek kadar coşkun ve cezbeli bir İslam mutasavvıfı idi) yoksa Hz. Muhammed' mi?" der. Bunun üzerine Mevlana şaşkın bir şekilde biraz da irkilerek "Bu nasıl bir soru, elbette Hz. Muhammed" diye cevap verir. Bunun üzerine Şemsi Tebrizi "İyi ancak, Hz. Muhammed 'Ya Rabbi seni layıkıyla bilemedik' buyururken Bayezid Bestami 'Benim şanım yücedir, her vücudumda Allah'tan başka zerre yok' demektedir. Buna ne dersin?" diye sorar. Bunun üzerine Mevlana "Hazreti Muhammed (s.a.v.), cihan varlıklarının en büyüğüdür, Bayezid kim oluyor? Bayezid'in susuzluğu bir yudum su ile diner, o zaman da suya kandığından söz eder. Onun idrak hazinesi o kadar bir suyla dolar; güneşin cihanı aydınlatan ışığı onun evinin ufacık penceresine kadar sızar ve ancak o kadar girer. Ama Hazreti Muhammed Mustafa'nın (s.a.v.), susuzluğu o kadar derindir ki, şüphesiz hep susuzluğundan dem vurur ve her gün o susuzluğun daha da artması niyazında bulunur. Şu halde bu her iki davacıdan Hazreti Muhammed Mustafa'nın davası çok büyüktür. Şu sebepten ki Bayezid kendisini Hakk'a ermiş görünce hemen doluverir ve daha fazlasına bakmaz ama Hazreti Mustafa (s.a.v.), her gün daha fazla Hakk'ı görür ve bu görüşle daha çok ilerler. Hakk'ın yüceliğinin, kudretinin, her varlığa hâkim olan saltanatının parlak belirtilerini her gün, her saat gördükçe aşk ve hayreti artar ve ondan dolayı da 'Ya Rabbi biz seni sana yaraşan bilgiyle bilemedik' diye hep özlem duyar" der. Bu cevap karşısında şaşkınlıkla kalakalan Şemsi Tebrizi rivayetlere göre bir çığlık atarak orada yere yığılır.

Kendi hayatını "Hamdım, piştim, yandım" diyerek tarif eden Mevlana 17 Aralık 1273'te Konya'da vefat ederek vuslata erer. Onun vefat ettiği güne "Şeb-i Aruz" yani sevgiliye kavuşmayı sembolize eden Düğün Gecesi denilir.

Muhyiddin-i Arabi

İslam dünyasında daha çok İbni Arabi, İbnu'l- Arabi, Muhiddin Arabi, Muhiddin İbn Arabi ve Şeyhü'l-Ekber gibi farklı isimlerle bilinen İbni Arabi 1165 yılında

İspanya'nın güney kesiminde yer alan Mursiye (günümüzde de bir İspanya kenti olan Murcia) kentinde doğdu. Yedi sekiz yaşlarında ailesi ile birlikte Sevilla'ya göç ettiler. Ailesi Tayy kabilesine mensuptu ve Arap kökenliydiler. Muhyiddin İbni Arabi ilk eğitimini bu şehirde ailesinin büyüklerinden almaya başladı. Babası Ali b. Muhammed, Abbasi Halifesi Müstencid Billah'ın kumandanı ve yöre valisi Muhammed b. Sa'd İbn Merdeniş'in saygı duyduğu etkin bir kişiydi, aynı zamanda filozof İbni Rüşd'ün yakın arkadaşıydı. Çevresinde bu denli büyük bilginlerin olduğu İbni Arabi küçük yaşlarda zikir çekmek için kendisini kapatıp uzun saatler geçirmeyi seven birisiydi. Tasavvuf ekolünde "Halvet" denilen, kendini kapatıp içsel yolculuğa çıkma ritüelini keşfeden İbni Arabi geldiği bu noktadan sonra kendisini daha fazla ilimle meşgul olmaya adadı. 17 yaşına geldiğinde İbni Rüşd'ün "Bilgi ancak akıl yoluyla idrak edilir" sözüne karşı "Bilgi sadece akıl yoluyla değil, ilham ve kalp keşfi ile daha iyi öğrenilir" diyen Arabi ilmi çalışmalarına daha da hız kazandırarak dönemin büyük âlimlerini ziyaret etmeye başladı. O yıllarda "Şekkaz" isminde bir şeyhle tanıştı. Şekkaz küçük yaşlardan itibaren ibadete başlayan, Allah korkusu taşıyan, hayatında hiç "o-ben" dememiş ve sürekli vakti ibadet ile geçen, uzun uzun secde eden bir kimsedir. Muhyiddini İbni Arabi, Şekkaz ile tanışmasından sonra tam anlamıyla Tasavvuf yoluna girdi. 1184-1185 yıllarında ise "Ureyni" isimli bir şeyhle tanışan Arabi sonrasında yazdığı eserlerinde ondan ilk hocam diye bahsedecektir. Ureyni Ubudiyet (kulluk) kavramında derin bir bilgiye sahipti. Bu yıllarda "Martili" adlı bir şeyhten de istifade etti. Ureyni ona: "Sadece Allah'a bak" derken Martili "Sadece nefsine bak, nefsin hususunda dikkatli ol, ona uyma" diye öğüt vermişti. Ancak sonrasında Martili, İbni Arabi'ye "Ureyni'nin gösterdiği yol doğrudur. Ona uy" demiştir.

İbni Arabi 26 yaşına geldiğinde Tunus'a gitti, burada *el-Fütûḥâtü'l-Mekkiyye*'yi ithaf edeceği Şeyh Abdülazîz el-Mehdevî'nin de bulunduğu sufilerle görüştü, onların fikirlerini alıp ilimlerinden faydalandı. Ardından İşbili, Fas gibi yerlere gidip buralarda da dönemin büyük âlimleri ve sufilerle görüşmeler yaptı. Yine kendisine 23 yıl arkadaşlık yapacak olan Bedr El-Habeşi ile de Fas'ta tanıştı. Fas'tan ayrıldıktan sonra Gırnata ve Kurtuba'ya yolculuklar yaptı. Bu aynı zamanda İbni Arabi'nin doğduğu ve büyüdüğü Avrupa kıtasındaki son ikameti oldu. Marakeş'e yerleşen İbni Arabi burada aldığını söylediği manevi bir işaret ile doğuya doğru yola çıktı. Mekke'ye gidip ilk haccını yaptıktan sonra tekrar Kuzey Afrika'ya döndü. Gayesi sûfî Ebû Medyen'in ikamet ettiği Bicâye şehrine yolculuk edip kendisiyle görüşmekti. Ancak Ebû Medyen'in vefat etmiş olduğundan görüşmek mümkün olmadı. Bununla beraber Ebû Medyen'in ruhaniyetinden hayatı boyunca istifade ettiğini sık sık belirtmiştir. Ardından İbni Arabi 1201'de Tunus'a giderek Abdülazîz el-Mehdevi ile buluştu. Ardından tekrar Mekke'ye giden İbni Arabi burada kutsal toprakların başyapıtı denilen 38 ciltlik *el-Fütûḥâtü'l-Mekkiyye*'yi yazar. Eserini tamamladıktan sonra yine doğuda birçok yolculuk yaparak birçok âlimle görüşür.

İbni Arabi'yi tam manasıyla anlayabilmek için yaşadığı ortamı, seyahatlerini ve kültürü iyi anlamak gerekir. Endülüs âlimleri için bilimsel düşünce değerliydi ve akıl insanın erdemleri arasında sayılırdı. Arabi, rasyonelliğin daha yaygın olduğu bir yerde yetişmesine rağmen olayların hakikatinin akıl yürütme yoluyla değil de duyularla ve tasavvuf yoluyla kavranabileceğine inanır. Bu yolda çeşitli İslam ülkelerine yaptığı seyahatlerde farklı âlimlerle görüşme imkânına sahip olur. Uzun süren seyahatler ve araştırmayla geçen yıllardan sonra kendini tasavvufa adar ve manevi bir hayat sürer.

İbni Arabi ile ilgili en çok tartışılan konu ise Arabi'nin ortaya attığı Vahdet-i Vücut öğretisidir. Birçok İslam âlimi ve tasavvuf ehli tarafından kabul görse de, bu düşünce bazı âlimler tarafından da şiddetle reddedilmektedir. İslam dünyasında bu öğreti ile onlarca araştırma yapılmış ve kitaplar yazılmıştır. Bunun yanı sıra Oxford, Harvard gibi dünyanın önde gelen üniversitelerinde İbni Arabi'nin öğretileri ve düşünceleri ile ilgili çalışma yapan gruplar vardır. Vahdet-i Vücut öğretisi temelde bir topyekûn varlık birliğini savunur. (Bu öğretiyi daha iyi anlayabilmek için, Tasavvufta Kavramlar bölümünde Vahdet-i Vücut bölümü mutlaka okunmalıdır.) İbni Arabi'den sonra gelen tasavvuf ve İslam âlimleri de varlığın birliğine inanırlar. Ancak farklı görüşlerde ortaya çıkar. Farklı görüşlerin çıkma sebebi ise genel olarak Arabi'nin Vahdet-i Vücut öğretisinin panteizme benzetilmesidir.[9]

Ancak şu noktayı gözden kaçırmamak gereklidir, İslam kültüründe peygamberlerden sonra idrak ve iman meselelerini kavrama yönünden dolayı en büyük İslam âlimi İbni Arabi kabul edilir. 1239 yılında **Şam**'da vefat eden İbni Arabi, geriye sayısız eser ve büyük bir fikir, ilim hazinesi bırakmıştır. Kabri Şam şehri dışında Kasiyun Dağı eteğindedir. 1516 yılında I. Selim, Şam'ı Osmanlı toprağı yaptığında oraya türbe, cami ve imaret inşa ettirdi. İbni Arabi'nin bulunduğu türbenin kubbesinde İbni Arabi'nin kendisine ait olduğu iddia

9. **Panteizm**, Tanrı ile evreni bir, aynı ve özdeş kılan ve kabul eden anlayıştır. **Panteizm** ayrıca **tüm tanrıcılık** ve **kamu tanrıcılık** adlarıyla da bilinmektedir. Panteizm, doğayla tanrıyı özdeş kılmaktadır. Bu bağlamda doğa ile tanrıyı bir tutan felsefi yaklaşıma bir isim vermek isteyen İngiliz düşünür Toland, 1705 yılında "**panteizm**" terimini önermiştir ve bu terim Türkçemize **kamu tanrıcılık** ya da **doğa tanrıcılık**, **hep tanrıcılık** ve **tüm tanrıcılık** sözcükleriyle çevrilmiştir. Kaynak: felsefe.gen.tr

edilen "Bütün yüzyıllar yetiştirdikleri büyük insanlarla tanınır, benden sonraki yüzyıllar da benimle anılacak" diye bir beyit yazılıdır.

Rabiatü'l Adeviyye

Tasavvuf tarihinin en büyük kadın şahsiyeti olan Rabiatü'l Adeviyye Basralıdır. Tasavvufi düşünceye "aşk" boyutunu getirmekle tanınmaktadır. Feridüddin Attar'a göre Rabiatü'l Adeviyye küçük yaşlarda yetim kalır. Basra'daki kıtlık sebebiyle kız kardeşlerinin dağılmasının ardından tek başına hayat sürmeye başlar. Bu esnada zengin ve zalim bir kişi tarafından köle olarak satın alınır. Gündüzleri ağır işlerde çalıştırılan Rabia geceleri kendisini ibadete verir. Bir gece ibadet ederken efendisi başındaki ışığın bütün odayı aydınlattığını görünce korkup onu özgür bırakır. Kâbe'yi ziyaret etmeye gittiğinde Kâbe'yi görünce "Ben bu evi ne yapayım? Bana bu evin sahibi gerek. O bana, 'Kim bana bir karış yaklaşırsa ben ona bir arşın yaklaşırım' diye seslenmiştir" der. "Büyük işleri hep erkekler yapıyor, kadınlardan peygamber de yoktur, sen bu sözleri nereden buluyorsun?" diye soranlara da "Tarihte hiçbir kadın da Firavun gibi ben sizin en yüce Rabb'inizim demedi" şeklinde cevap vermiştir.

Rabiatü'l Adeviyye'nin dünyevi olan şeylerden uzaklaşıp kendisini zühde vermesi ve içe kapanması, tıpkı Hallac-ı Mansur vb. gibi ilk dönem sufilerinde çok yaygındır. Rabia'yı diğer sufilerden ayıran özellik de onun züht anlayışını ilahi aşk fikriyle tamamlamasıdır.

Feridüddin Attar onun için "Erkeklerden bahsederken bu kadın nereden çıktı?" şeklindeki soranlara da şu hadisle karşılık vermiştir: "Allah sizin suretlerinize bakmaz."

Adeviyye dua ederken şöyle derdi: "Allahım, eğer cehennemden korktuğum için sana tapıyorsam beni oraya at! Yok eğer cennete girmek için ibadet ediyorsam bana onu da haram kıl. Fakat sadece ve sadece senin için kulluk yapıyorsam ebedi güzelliğini temaşa etmeyi bana nasip et."

Yine Feridüddin Attar Adeviyye için "O, uzlet ile halktan ayrılmış biri, doğruluk örtüsü ile örtünen kadın, aşk ve özlemle tutuşan, tevhide gark olan erkeklerin, ikinci pak Meryem olarak kabul ettikleri biridir" demektedir. Özellikle 13. yüzyıldan beri Batı tarafından da tanınmaya başlayan Adeviyye'nin Batı'daki izleri de derindir. Schimmel'e göre, Batı dünyası 13. yüzyıldan beri Rabia'yı tanıyor. Onu Batı'ya tanıtan ilk kişi Romon Lull'dur. Yine Fransa Kralı 9. Louis'nin elçisi olan Joinville'in Rabia ile ilgili hikâyeleri Avrupa'ya anlatan ve yayan kişilerdendir.

İlk dönem züht hareketinin Tasavvuf'a dönüşmesinde Rabiatü'l Adeviyye'nin katkısı büyüktür. O çizgisinde korku, kaygı yerine sevgi, umut ve iyimserliğe yer vermektedir. Rabia'nın fikirleri Bayezid Bestami, el-Mısri, Cüneyd-i Bağdadi ve Hallac-ı Mansur gibi sufileri etkilemiştir. Bir gün kendisine "Dışarı çık da ilahi sanatı seyret!" diyen birine "Sen de içeri gir de sendeki sanatkârı seyret!" cevabını vermiştir.

Cüneyd-i Bağdadi

Tasavvuf kültürünün en önemli isimlerinden biri olan Cüneyd-i Bağdadi, Seyyidü Taife lakabıyla meşhurdur. Bağdat'ta büyüyüp orada yaşayan Cüneyd, Bağdat tasavvuf ve ilim ekolünde önemli bir rol oynamıştır aynı zamanda, Farabi'nin hocası Bişr Matta Yunus tarafından kurulan Meşhur Bağdat okulunun da liderlerindendir.

Cüneyd, küçük yaşlardan itibaren tasavvufa yakın ve yatkın bir yapıya sahipti. Dayısı Sırri Sekati onun bu özelliğini keşfeden ve geliştiren kişidir. Bir gün dayısı yanındaki toplulukta sohbet ederken Cüneyd'e şöyle bir soru sordu: "Oğlum, sence şükür nedir?" Cüneyd dayısına ve yanındaki kalabalığa bakarak "Allah'ın verdiği nimetlerin ve zenginliğin O'na isyanda kullanılmamasıdır" diye cevap verdi. Dayısı bu cevaptan çok hoşlandı ve Cüneyd'e "Evladım senin Allah'tan en büyük nasibin dilin olacak" dedi. Tasavvuf kültürüne baktığımızda da en güzel sözler Cüneyd-i Bağdadi'ye aittir.

"Biz tasavvufu laf ile elde etmedik, açlık ve dünyayı terk etmek ve hoşa giden şeyleri kesinlikle bırakmak suretiyle elde ettik" diyen Cüneyd-i Bağdadi'nin Tasavvuf anlayışı Kuran ve sünnet çizgisinde idi. Bu yüzden bu yolda Hafız olmayan, Hadis, Fıkıh gibi ilimlerde ve bunun yanı sıra Kitap ve Sünnet'ten habersiz kimselere tabi olunamayacağını söyler. "Allah Resulü'nün yolunu izleyenlerden başkaları için, Allah'a giden bütün yollar kapalıdır" der ve üzerine de şunu eklemiştir. "Allah'tan başka bir şey seni esir ettiği sürece gerçek bir kul olamazsın."

Cüneyd-i Bağdadi'nin Tasavvuf kültürüne yaptığı en büyük katkılardan birisi de, sufilerin tavır ve mizaçlarına göre tasavvufi bir hayat tarzı belirlemiş olmasıdır. Seyyidü Taife yani Sufilerin Beyi lakabını da bu yüzden almıştır.

Dönemin birçok ünlü sufisi Cüneyd-i Bağdadi'nin sohbetlerine katılmıştır. El-Ceriri, İbni Arabi, Nüceyd.

Şibli, el-Kettani, Zeccaci vb. isimler Cüneyd-i Bağdadi'in sohbetinde bulunan tanınmış mutasavvıflardandır. Bu sebeple Tasavvuf kültüründe tarikatların tamamı kendi silsilelerinde Cüneyd-i Bağdadi'ye yer verirler.

Cüneyd-i Bağdadi'nin tasavvufi görüşleri, hem çağdaşı sufiler hem de daha sonraki mutasavvıflar üzerinde derin tesirler bırakmıştır. Onun açtığı yoldan gidenlere Cüneyd denildiğini kaydeden Hücviri, kendi şeyhlerinin de bu zümreye mensup olduklarını belirtmektedir. Yine Gazzali'nin de Tasavvuf'a yönelmesi Bağdadi tarafından olmuştur.

Bayezid Bestami

Bayezid Bestami günümüzde İran'ın Semnan Eyaleti'nde bulunan Bistam şehrinde 804 yılında doğmuştur. Künyesi, Ebu Yezid'dir. Lakabı Sultanul Arifin olan Bayezid Bestami küçük yaşlarda Tasavvuf ilmi ile ilgilenmeye başlamıştır. Anadolu'da Bestami olarak tanınan Bayezid Bestami Tasavvuf kültürünün en büyük 5 mutasavvıfından biridir. Cüneyd-i Bağdadi, Hallac-ı Mansur gibi Tasavvuf kültürünün en çok tartışılan isimlerinden biridir. İbni Arabi Vahdet-i Vücut felsefesini Hallac ve Bestami'nin fikirleri ve davranışları üzerine geliştirmiştir.

Rivayete göre, Bestami daha annesinin karnında iken kerametleri görülmeye başladı. Annesi ona hamile iken şüpheli bir şeyi ağzına alacak olsa, onu geri atıncaya kadar karnına vururdu. Henüz çocuk yaşlarda yolu Şakik-i Belhi ile kesişmiştir. Belhi Bestami için "Bu çocuk büyüyünce zamanının en büyük velisi olacak" buyurmuştur.

Bayezid Bestami züht, tevekkül, riyazet, sekr ve tevhit gibi tasavvufi hal ve makamlara dair önemli konulardaki ortaya koyduğu söz ve görüşleriyle ilk sufiler arasında önemli bir yere sahiptir. Kendi yaşadığı dönem ve çevrenin tasavvufi akımlarından haberdar bir şekilde, züht ve tevekkül gibi konularda eleştirel ifadeler de kullanan Bayezid Bestami tasavvufun kurucu isimlerinden biri olarak karşımıza çıkmaktadır. Sultânü'l-Ârifîn (Arifler Sultanı), Seyyid-i Arifan sıfatlar verilmiştir. Tasavvuf ekolünde sonraki devirlerde bir mutasavvıfın değerini belirtmek için Asrın Bayezid ifadesinin kullanılması onun Tasavvuf'ta öneminin çok büyük olduğunu göstermektedir. Bayezid Bestami'ye göre kişi kendisinde olan maddi manevi zenginlikleri şahsından bilmemelidir. Kişinin elindeki ve gönlündeki bütün zenginlik Allah'tan gelmektedir. Bu yüzden de kişi hem maddi hem manevi zenginliğini insanlardan esirgemeyip bunları paylaşmalıdır. Bestami "Dünya, insanlar için aldanış içinde aldanıştır.

Ahiret ise insanlar için sevinç içinde sevinçtir. Allah'a muhabbet ise nurdan bir sevinç ve nur üstüne nurdur" diyerek insanın dünyaya meyletmemesi gerektiğini belirtmiştir. Ahiret ile dünyayı tercih eden insanlar arasındaki ayrımı da şu şekilde yapmıştır:

"Dünyayı ahirete tercih edenlerin cahilliği bilgisinden, gafleti zikrinden, günahı sevabından çok olur. Ahireti dünyaya tercih edenlerin ise sükûtu konuşmasından, fakirliği zenginliğinden, kanaati hırsından çok olur."

Bir gün kendisine "Bu manevi makamı nasıl elde ettin?" diye soran birisine ise şu cevabı vermiştir: "Kendimi gerilerde halkı ise benden önde gördüm. Allah'ın kullarına olan şefkatinden ötürü herkesin yerine cehennemde yanmaya razı oldum. Hayatta her zaman bir müminin sıkıntısını çözmek ve onun gönlünü ferah tutmak gayretinde oldum. Bugünden yarına hiçbir şeyimi saklamadım. Allah'ın rahmetinin kendimden çok insanlar için istedim. Allah bana şefaat hakkı verirse önce bana eziyet edenlere sonra da iyilik edenler şefaatte bulunacağım." Buradan anlayacağımız üzere Bayezid Bestami hayatını her daim insanlara iyilik ve elindekini onlarla paylaşma gayreti içerisinde yaşadı. Hallac-ı Mansur'un "Ene-l Hak!" çığlığından sonra taşlanarak öldürülmesi esnasında Mansur'a eziyet edenler için "Ya Rabbi bunlar hakikati bilmiyorlar. Benden evvel onları affet" diye dua etmiştir.

Hacı Bektaş Veli

Asıl ismi Seyyid Muhammed bin İbrahim Ata olan, Hacı Bektaş Veli Horasan'ın Nişabur şehrinde 1281 senesinde dünyaya geldi. İlk eğitimini Şeyh Lokman-ı Perende'den aldı. Hacı Bektaş Veli, eğitimini tamamladıktan sonra Anadolu'ya geldi. Kısa zamanda tanınarak önemli talebeler yetiştirdi. Kendisinin de bağlı olduğu "Ahilik Teşkilatı" ile Osmanlı Devleti'nin kuruluş döneminde Anadolu'da sosyal yapının gelişmesinde büyük katkılarda bulundu. Hacı Bektaş Veli yaşadığı döneme damga vurmuş ve Anadolu'nun Türkleşmesi, Müslümanlaştırılmasında lider rol oynamıştır. Hacı Bektaş Veli'nin Türk kültüründe en büyük etkisi ise İslamiyet ve Türklük arasındaki bağlantıyı kuvvetlendirmesi ve yayması olmuştur. Tasavvuf kültüründe Hacı Bektaş Veli'nin Tasavvuf anlayışı çok yaygın ve kapsamlıdır. Tasavvuf yoluna girmek isteyenlere verdiği en önemli öğüt ise şudur: "Bu yola girmenin ilk mertebesi imandır. İmanın ilk şartı kelime-i şahadet getirmektir. Ama bizim sözümüz şudur: Rahman sıfatı nedir ve şeytanın aslı nedir? Önce bunu bilmek gerek. Bilmek gerek ki Rahman'ın aslı imandır ve şeytanın aslı kötülüktür. İman akıl üzeredir, akıl sultandır. Sultan giderse naibi de duramaz. İman bir hazinedir. Şeytan bir hırsızdır. Akıl hazinedardır. Hazinedar giderse, hırsız da hazineyi çalar. Ve bir söze göre insan koyundur ve akıl çobandır ve şeytan kurttur. Çoban giderse kurt koyunu ne yapar? İnsanı ve kâinatı yaratan Allah'a inanmak imandır ve emrini tutmak da imandır. Yapma dediğini yapmak Allah'a inanmamaktır."

Hacı Bektaş Veli, Tasavvuf anlayışında sevgi ve gönül birlikteliğini ön planda tutmuştur. Arazi meselesi yüzünden birbiriyle kavgalı olan bir köye gidip, köy halkını toplamış ve onlara şöyle öğüt vermiştir: "Birbirinizin gönlünü kırmayın. Çünkü inanan müminin gönlü Kâbe'ye benzer. Ancak gönül ondan da ileridir. Çünkü gönül Allah'ın evidir. Allah ile gönül arasında perde yoktur. Kâbe nasıl dokunulmaz, mübarek ise gönül de Allah'ın tecelli ettiği yer olduğu için mübarektir, ona dokunmayın."

Hacı Bektaş Veli İslam'ı ve bunun yanı sıra dönemin halkını da çok iyi anlamış ve bu yolda Tasavvufi harekâtını gönüllere yaymıştır. Onun insan sevgisi Hz. Peygamber'in hayatı ve Kuran'ın insan sevgisi üzerine kurulu olmuştur.

Şahı Nakşibendi

Bahaüddin Muhammed bin Muhammed Buhari 1318 yılında Buhara'nın Kasr-ı Hinduvan köyünde doğdu. Küçüklüğünde babası ile birlikte nakışçılık yaptığı için Nakşibend lakabı ile meşhur olmuştur. Kendilerine Silsilei Aliyye denilen mutasavvıflardan 15'incisidir. Yaşadığı dönem siyasi çalkantılarla dolu zor ve karışık bir dönemdi. Özellikle Buhara kenti Moğollar tarafından talan edilmiş, yakılmış ve hemen bütün ilmi eserlerin yok edildiği bir kentti. Kurduğu tarikatın mensuplarınca Türkiye'de Şahı Nakşibendi olarak bilinir. Nakşibendi'nin tasavvuf anlayışı zikir ve mana âlemi üzerine kuruluydu. Bu yüzden Nakşibendi ekolünde zikrin çok önemli yeri vardır.

Feridüddin Attar

Selçuklular döneminde 1142 yılında Nişabur'da dünyaya gelen Feridüddin Attar, eczacılık ve tıp ile meşgul olduğu için "Attar" lakabını aldı ve bu lakapla meşhur oldu. Bir yandan attarlıkla uğraşırken diğer yandan da Tasavvuf ilmi ile uğraşmaktaydı. Hayatı boyunca birçok seyahat yapan Attar Irak, Şam, Mısır, Mekke, Medine, Hindistan, Türkistan'a yaptığı bu seyahatlerle

Tasavvufi ilmi ile yeni öğretiler ve bilgiler edindi. Bu dönemlerde birçok kitap yazan ve araştırmalar yapan Attar ömrünün son yıllarını doğduğu Nişabur'da geçirdi. Moğol istilası esnasında da Moğollar tarafından şehit edildi.

Gazali

İslam kültüründe Tasavvuf'un tam manasıyla yaygınlaşması, bütünüyle yayılması Gazali döneminde olmuştur. Gazali'nin yaşamış olduğu dönem hemen hemen birçok büyük Mutasavvıf'ın vefat ettiği dönemdir. Gazali'ye göre Tasavvuf; Allah'a, Peygamber'e, ahiret gününe iman etme, nefsi istekler, makam, mal gibi dünyevi tutku ve hırslardan arınma, nefsi meşguliyetlerden kaçma ve sadece Allah'a yönelmeyi ifade etmektedir.

Gazali 1058 yılında Horosan'ın Tus şehrinde dünyaya gelmiştir. İlk eğitimini dönemin büyük âlimlerinden Ahmed bin Muhammed er Razikan ve Ebu Nasr el İsmali'den aldı.

İtikadi düşünce olarak Ebü'l Hasan Eş'ari'nin görüşlerini benimseyen Gazali, bu alanda fıkhi çalışmalar yaptı. Çalışmalarına devam ederken dönemin büyük devlet adamı, Selçuklu veziri Nizamülmülk tarafından

Bağdat Nizamiye Medresesi'ne Baş Müderris olarak tayin edildi. Burada kısa sürede geniş bilgisi sayesinde çok sevildi ve geniş bir öğrenci kalabalığı tarafından takip edilir oldu. Bir zaman sonra ruhsal sıkıntılar yaşayan Gazali tam da o noktada Tasavvuf ilmini keşfetti ve ona yöneldi. Ardından günden güne gelişen Tasavvuf ilgisinden dolayı hacca gitmek için medresedeki görevini bırakarak 1095 yılında Bağdat'tan ayrılarak Şam'a gitti. Şam'da iki yıl kaldıktan sonra 1097 yılında hacca giden Gazali'nin ruhsal durumunun sebebini dini vazifelerini (hacca gidememek) yapamadığı için olduğunu söyleyenlerin olduğu gibi, Nizamülmülk'ün ölümü yüzünden de ruhsal sıkıntılar yaşadığını söyleyenler vardır. Ancak Gazali hac vazifesini yaptıktan sonra kendisini tamamen Tasavvuf'a vermiş ve bu alanda onlarca kitap yazmıştır. Gazali'nin Tasavvuf üzerindeki en büyük etkisi Tasavvuf'u bir ilim olarak ele almasıdır. Ona göre Tasavvuf hem ameli hem de ahlaki bir ilimdir.

BÜYÜK MUTASAVVIFLARIN SIRLARI

Tasavvufun önemli sembollerinden biri olan sekiz köşeli yıldızın her bir köşesi bir anlam ifade etmektedir. Semboller bölümünde bunu açıklamıştım. Anlamlardan biri hatırlarsanız sır tutmaktı. Tasavvuf ilminde kişi uzun bir eğitim ve nefis terbiyesinden geçip, belirli bir manevi makama ulaştıktan sonra sırlı yani gizemli bilgiyi öğrenmeye hak kazanır. Bu bilgiyi öğrenen kişi aynı zamanda korumakla da mükelleftir. Bazıları bunu başarmış, bazıları başaramamıştır. Şimdi size sonraki kitapta geniş araştırmalar ışığında aktaracağım sırlardan kısaca söz etmek isterim.

Hallac-ı Mansur ve Sırrı İfşa Etmek

Hallac-ı Mansur'u darağacına getirdiklerinde önce eğilip merdivenleri öptü, sonra da ayağını bastı. Kalabalıktan biri Hallac-ı Mansur'a "Nasılsın ey Mansur?"

diye seslenince Hallac-ı Mansur tebessüm ederek, *"Gerçek erenlerin miracı darağacıdır..."* dedi.

Darağacına çıkarılınca Mansur'un önce ellerini kestiler, gülmeye devam ediyordu. "Neden gülüyorsun?" diye sorduklarında *"Elleri bağlı birinin ellerini kesmek kolaydır da, manevi ellerimi kesmek imkânsızdır!"* dedi. Ardından ayaklarını kestiler, Mansur'da en ufak bir acı belirtisi görülmedi. Tebessüm etmeye devam ederek *"Bu ayaklarımla dünyayı gezerdim. Ancak benim iki ayağım daha var, onlarla hem bu dünyayı hem de öbür dünyayı gezebilirim..."* dedi.

Ardından kesik bileklerindeki kanı kıpkırmızı oluncaya kadar yüzüne sürdü. "Niçin böyle yaptın?" dediklerinde ise *"Çok kan kaybettim. Yüzüm sapsarıdır. Siz bunu korkudan zannetmeyin diye sürdüm. Şimdi yüzüm kıpkırmızı, daha şerefli görünüyordur, çünkü yiğitlerin gül rengi kanlarıdır..."* dedi.

Artık sona yaklaşıyordu Hallac-ı Mansur, ancak sona yaklaşıyor oluşu onun için bir başlangıçtı. Bileklerinden süzülen kanı dirseklerine de sürünce bunu neden yaptığını soranlara *"Aşk abdesti alıyorum..."* dedi. Meydanda toplanan binlerce kişi Hallac'ın karşısında adeta eriyordu.

Son olarak yanına bir derviş yaklaşarak "Aşk nedir ey Ebu Mansur?" diye sorunca Hallac-ı Mansur *"Aşkın ne olduğunu bugün, yarın ve öbür gün göreceksin..."* diye cevap verdi. O gün Hallac-ı Mansur'u işkence yaparak katlettiler. Ertesi gün cansız bedenini büyük bir ateşe atıp yaktılar. Öbür gün ise küllerini Dicle Nehri'ne savurdular...

Hallac-ı Mansur'un "Ene-l Hak!" feryadı onu darağacına götürmüştü. Dönemin büyük İslam âlimleri Hallac-ı Mansur'u da bir Hak dostu ve İslam âlimlerinden biri olarak kabul etmekteydi. Kendisinin feryadını ise bir şirk olarak değil, manevi makamının ona verdiği ağırlık olarak kabul etmişlerdir. Ancak şer'i kurallara göre görünen hal ile kişiye hükmedilirdi ve bu hal bir şirkti ve şirkin cezası belliydi. Bu kararın alınmasında tabii ki tasavvufu tam idrak edememiş ve dönemin halifesi yanında yer alan ulema da etkili olmuştu. Oysaki dönemin büyük âlimleri ve tasavvuf ehli bu karara şiddetle karşı çıkmıştı. Çünkü onlara göre Ene-l Hak "Ben Hakk'ım" değil "Ben yokum Hak var" demektir.

Bu noktada tasavvufun gizemini görürüz. Dönemin en büyük mutasavvıfı ve Hallac'ın hocası Cüneyd-i Bağdadi Hallac'ın feryadının öyle alelade fani bir insanın feryadı olmadığını biliyordu. Çünkü Cüneyd-i Bağdadi, Hallac-ı Mansur idam sehpasına çıkarılmadan uzun bir süre önce "Senin yolun zor olacak, yolunun sonunda darağacı görüyorum" diyerek olacak olanı önceden görmüştü. Ancak sırrı ifşa etmenin cezası da ağırdı. Ezoterik bilgi öyle alelade açıklanamayacağı gibi taşıması da zor bir sırdı. Hallac artık öyle bir mertebeye gelmişti ki kendi varlığını Allah'ın varlığı ile iç içe hissediyordu. Tasavvuf kavramları bölümünde anlattığımız Fenafillah makamı budur.

Bir Kıssa:

Hallac-ı Mansur *"Ene-l Hak! Ene-l Hak! Ene-l Hak!"* (Ben Hakk'ım!) diye diye inlerdi.

Halk ikiye bölündü. Bir kısmı zahire göre hükmetti, Hallac-ı Mansur'u inkâr etti ve sözüyle dinden çıktığını ileri sürdü. Bir kısmı da Hallac-ı Mansur'un bu sözüyle benliğini reddettiğini ve Hakk'ı dilediğini savundu.

Hallac-ı Mansur mahkemeye çıkarıldı, hapse atıldı, kendisine işkence edildi. *"Ene-l Hak deme! Hüve-l Hak (Hak O'dur) de!"* dediler.

Hallac, "Bizim için de Hak O'dur!" dedi.

İbn-i Ata haber gönderdi: *"Özür dile ki zindandan çıkarsınlar!"*

Hallac "Ben ne dedim ki özür dileyeyim? Ben Halik'i bırakıp halka yalvarmam!" dedi. Bir yandan da "Ene-l Hak! Ene- l Hak!" diye feryat ediyordu.

Bağdat uleması Hallac'ın katledilmesi için fetva verdi. Nihayet fetva gereğince Hallac idam edildi.

Şiblî, Hallac-ı Mansur'u rüyasında gördü ve sordu:

"Sana azap eden ve seni asan halka Cenab-ı Hak nasıl muamele eyledi?"

Mansur şöyle cevap verdi:

"Benim hakkımda halk ikiye bölünmüştü. Bir kısmı benim halimi bilirdi. Bana şefkat ederdi. Bir kısmı da benim halimi bilmezdi. Şeriatı muhafaza ve Cenab-ı Hakk'ın emrini yerine getirmek için bana azap ederdi. Cenab-ı Hak her iki bölüğe de rahmet eyledi. Çünkü her ikisi de masumdu!"

Bir derviş rüyada gördü ki, şeytan Hallac-ı Mansur'u görünce şaşırdı ve şöyle dedi:

"Sen 'Ene-l Hak!' (Ben Hakk'ım!) dedin. Ben 'Ene-l hayr' (Ben hayırlıyım!) dedim. Sana rahmet olundu, bana lanet edildi. Bunun hikmeti nedir?"

Hallac-ı Mansur şu cevabı verdi:

"Sen enaniyetine güvendin ve benlik eyledin. Ben ise enaniyetimi inkâr ettim, benliği kendimden uzak eyledim. Benliğimi Hak'ta gördüm!"

Şemsi Tebrizi ve Sırrı Aktarmak

Gittiği hiçbir yerde uzun süre kalmayan, gizemli sırların adeta hamalı olan Şemsi Tebrizi, sırrın herkese söylenemeyeceğini, kişinin sadece kendisinin bilmesi gerektiğini savunur. Bir gün bir sohbet esnasında müritlerden biri "Efendim bana bir sır söyleyeniz" dediğinde, Şemsi Tebrizi "Ben sana sır söyleyemem. Ben sırrı öyle bir kişiye söylerim ki onu kendi benliğimde değil, kendimi onu benliğimde göreyim. Kendi sırrımı sadece kendime söylerim, ama sende de kendimi göremiyorum" der. İşte bu noktada Şems ve Mevlana arasındaki sırlarla örülmüş gizemli muhabbet de bir nebze anlaşılabilir. Şems ile Mevlana'nın ilişkisi bir usta ve çırak ilişkisiydi. Şems, Mevlana'nın manevi öğretmeniydi. Onun görevi Mevlana'ya sırlı bilgileri aktarmak ve öğretmekti. Sır herkese söylenmez, sadece kişinin kendisine aittir düsturunun gizemi de işte budur. Özellikle Batı'da ve ülkemizde bazı kişiler tarafından Mevlana ve Şems ilişkisi iki erkeğin birbirine bağlanması modeli üzerinden erotik bir zemine oturtulmaya çalışılmaktadır. Ancak burada aleni bir şekilde bir art niyet ve Şems ile Mevlana arasındaki manevi bağlanmayı görememek vardır. Özellikle Mevlana'yı aşk sözleri yazan romantik bir yazar olarak görmek, Şems'i de onun bağlandığı kişi olarak kabul etmek cahilce bir yaklaşımıdır. Oysaki Mevlana ve Şems'in ilişkisi usta-çırak ilişkisidir ve son derece sırlarla çevrilidir.

Mevlana Şems ile karşılaşıncaya kadar büyük bir İslam âlimi iken, Şems'ten öğrendiği öğretilerden sonra büyük bir mutasavvıf ve gizemli, çok yönlü bir âlim olmuştur. İki isim de birbirinin sır arkadaşı, manevi yoldaşıdır.

Bayezid Bestami ve Sırrı Korumak

Arifler Sultanı olarak anılan Bayezid Bestami'ye göre yol sonu olan bir şey değildir. Asıl marifet yola çıkmak ve yolda olduğunun farkında olmaktadır. Hallac, Mevlana, Şiblî, Arabi gibi önemli mutasavvıfları etkileyen Bayezid Bestami Tasavvuf tarihinde sekr, fena, melamet, marifet, aşk, miraç gibi kavramları oluşturmasıyla tanınır. Bestami'ye göre kişi kendinden geçip fena makamına ulaşarak asıl sırra ve Allah'a ulaşabilmektedir. Bu da çetin bir nefis terbiyesi ve kişisel çile çekilerek ulaşılabilecek bir makamdır. Diğer mutasavvıflara baktığımızda Bayezid Bestami içlerinde en sırlı kişidir diyebiliriz. Attar, Mevlana, Şiblî, Arabi, Hallac gibi isimler geriye eserler ve şiirlerini bırakmışken. Bayezid Bestami'nin çok iyi şiir kabiliyeti ve hitabeti olan birisi olarak hiç eseri yoktur. Onun için sırrı korumak ve kimseyle paylaşmamak önemlidir.

Aziz Mahmud Hüdayi ve Sırrı Öğrenmek

Osmanlı dönemine damga vuran büyük mutasavvıf Aziz Mahmud Hüdayi padişahlara kılıç kuşandıran, padişahların elini öptüğü ve yüz binlerce müridi olan bir isimdir. Küçüklüğünde iyi bir eğitim almasına karşın onun Tasavvuf'a girmesi uzun yıllar sonra olmuştur. Bursa'da kadılık yaparken bir anda bütün makamını ve mevkiini bırakmış, kendisini tasavvuf yoluna adayarak bu öğretileri öğrenebilmek için önce dergâhın helalarını temizlemeye başlamış, ardından da nefsini körelterek sırrı öğrenmeye hazır hale gelmiştir. Mürşidi Muhammed Üfdadi onun için "Oğlum ardından padişahlar yürüsün, huzurunda el pençe dursun" diyerek dua etmiştir. Ve bu duası yıllar sonra gerçeklemiştir. Padişah Ahmed Han bir gün Üsküdar'da atı ile çarşıda dolaşırken hocası Aziz Mahmud Hüdayi ile karşılaşır. Sultan Ahmed, hocasını görür görmez atından aşağı atlar ve hocasını atına bindirir. Kendisi de Aziz Mahmud Hüdayi'nin arkasında yaya olarak yürümeye başlar. Kısa bir müddet at üzerinde giden Mahmud Hüdayi padişahın arkasında yaya yürümesine razı olmaz ve "Sultanım! Sırf hocam Muhammed Üftade'nin duası ve emri yerine gelsin diye bindim. Çünkü o, padişahlar ardında yürüsün diye dua etmişti" diyerek atından iner.

Sadece Sultan Ahmed değil, Üçüncü Murad, İkinci Osman, Dördüncü Murad gibi padişahlar da Aziz Mahmud Hüdayi'nin huzuruna çıkan isimlerdi. Kadılığı elinin tersiyle itip dünya makamı ve mevkiini reddeden Aziz Mahmud Hüdayi reddettiğinin daha büyüğü bir makama ve mevkie ulaşmıştı. Yüz binlerce müridi olan ve sadece padişahların değil halkın da sevdiği ve saydığı bir döneme damga vuran bir tasavvuf âlimiydi.

TASAVVUF VE FELSEFE İLİŞKİSİ

Tasavvuf ve Felsefe ilişkisi tarih boyunca hep incelenmiş ancak genel anlamda ne ikisi birbirinden ayrılabilmiş ne de ikisi aynı potada yan yana gelebilmiştir. Felsefe Yunanca Philosophia kelimesinden türetilmiştir. Arayış, bilgelik ve hikmet anlamlarına gelen felsefe kendine has bir bilgi, birikim ve disiplin olarak karşımıza çıkmaktadır.

Bilgiyi ve bilgeliği arayan kişilere ise filozof denilmiştir. Gerek Batılı gerekse Doğulu bazı bilginler tasavvuf ve felsefeyi bir tutmuş, birisini Batı'nın düşünce tarzı, diğerini ise Doğu'nun düşünce tarzı olarak kabul etmiştir. Ancak Tasavvuf ilahi kavramlarla ortaya çıkan bir ilim dalıdır ve dayandıkları yer peygamberlerin yaşam tarzı ve ilmi bilgilerine dayanmaktadır. Tasavvufa tabi olan insanlar ise bu bilgiyi aramak, anlamak ve dünyevi hayat içerisinde bu bilgilerle ilahi bir amaç uğruna yaşamak amacı gütmektedirler. Felsefe ilminde elde edilen bilgiler üzerinde filozofların etkisi vardır.

Ancak Tasavvuf ilminde tasavvuf ehlinin etkisi yoktur. Çünkü Tasavvuf vahye ve ilahi olana dayandığı için bilgi ve bilginin temeli değişmez. Tasavvuf ehli sadece bu var olan gizli bilgileri öğrenmek ve hazır olanlara da öğretmek gayreti içerisindedirler. Felsefe ve Tasavvuf'un aynı tutulmasının sebeplerinden biri de ikisinin de anlam olarak hikmet kavramına dayandırılmasındandır. Ancak Felsefe ve Tasavvuf'un hikmet anlayışları farklıdır.

Felsefede hikmet, filozofların akılları ile bilgiye ulaşmaya çalışmaları ve var olan ya da türetilen soruların sebebini anlamaya çalışma çabasına denir. Ancak Tasavvuf'un hikmet anlayışı ilahi bir anlayıştır ve akılla kavranabilen bir kavram değildir. Çünkü akıl ilahi olan sırra ulaşmak için tek başına yeterli değildir. Bu açıdan baktığımızda bilgiye ulaşmak için filozofların kullandıkları metotlar, mutasavvıfların bilgiye ulaşmak için kullandıkları metotlar karşısında işe yaramazlar. Filozofların bilgiye ulaşmak için ortaya koymuş oldukları metotlar kendileri arasında çelişirken, Tasavvuf ilminde farklı tarikat ekolleri olmasına rağmen ilahi bilgiye ulaşmak için uygulanan metotlar arasında böyle bir çelişme yoktur.

Felsefe ve Tasavvuf'un başlangıç noktasına baktığımızda bu ayrışmayı ise daha net biçimde görmekteyiz. Tasavvuf ve felsefeyi bir tutan bilginlerin çıkış noktası her iki ilmin de bir anlam arayışı olduğunu göstermelerinden kaynaklanmaktadır. Ancak burada şöyle bir ayrışma var, felsefede anlam arayışı yolculuğunda ulaşılacak kesin bir nokta her zaman yoktur ve muallak bilgi ve muallak hedef çok fazladır. Felsefe ile anlam arayışına yola çıkan bir kişinin nihai hedefe varması garanti değildir. Ancak Tasavvuf'ta nihai hedef her zaman bellidir ve hiçbir zaman değişmez, bu hedef ilahi olana ulaşmaktır. Ve Tasavvuf'ta yol haritası bellidir, bu haritaya göre giden bir sufinin zorlu da olsa sebat, sabır, tevekkül ettiği sürece o hedefine ulaşacaktır. Çünkü peygamberlerin vahiy yolu ile getirdikleri bilgiler hiçbir şekilde değişmez. Bilgi açık ve nettir, ortada bilgi ile ilgili muallak bir durum olmadığı için gidilecek yol bu yüzden bellidir.

İslam kültüründe bu iki ilmi aynı anda inceleyen âlimler olmuştur. Bunların en önemlileri İbni Rüşd, Farabi, İbni Sina, İbni Haldun, İbni Arabi gibi isimler olarak söyleyebiliriz. Bunların içlerinde tasavvuf ilmi en ağır basan ise İbni Arabi'dir. Ancak örnek vermek gerekirse Farabi için Tasavvuf ile ilgili araştırmaları olsa da ona Mutasavvıf'tan ziyade Filozof diyebiliriz. Zira Farabi hem Batı felsefesinde hem de Doğu felsefesinde çok önemli yeri olan hatta kendisine Aristoteles'ten sonra Doğu kültüründe "İkinci Öğretmen" denilecek kadar büyük bir şahsiyettir. Biz zaten burada

Felsefe ve Tasavvuf'u tarihsel bir süreçte farklı fikirler ve görüşler çerçevesinde inceleyerek, iki ilim arasında benzerlikler olsa da ikisinin de farklı ilimler olduğunu ifade etmeye çalıştık. Zira her iki ilim de insan için çok önemlidir. Nitekim İbni Arabi ve Gazali gibi iki önemli Mutasavvıf'ın da bu konuda görüşleri farklıdır. Gazali ilahi açıdan bakarak Tasavvuf'a çok büyük etkiler ve faydalar bırakırken, İbni Arabi Vahdet-i Vücut felsefesi üzerinde hem ilahi olanı hem akli olanı da koyup farklı bir tasavvuf düşünce sistemi benimsemiştir. Kitabın başında Tasavvufun Kökeni başlığı altında da ele aldığımız dört döneme baktığımızda da 4. dönem Tasavvuf'un Felsefe ile tanıştığı ve iç içe geçtiği dönemdir diyebiliriz.

TASAVVUF EDEBİYATI VE ŞİİRLERDEKİ GİZLİ ANLAMLAR

Tasavvuf Edebiyatı veya diğer adıyla Tekke Edebiyatı, Tasavvuf ehli tarafından ortaya çıkan bir edebi akımdır. Diğer edebi akımlardan farklı olarak Tasavvuf Edebiyatı şiirlerindeki gizli anlamlar ve manalar üzerine kurulmuştur. Burada yine tasavvufun asıl amacında olduğu nihai hedefe giden ilahi yolun zorluklarını ve ilahi olan aşkı anlatma çabasıdır. Diğer edebi akımların gayesi edebiyat ve sanat iken burada amaç dini ve tasavvufi düşünceyi hem anlatmak hem de yaymaktır. İlk örneği Tasavvuf kültürünün önemli isimlerinden Ahmet Yesevi ile başladı. Ancak en önemli ismi Yunus Emre'dir. Sonrasında en önemli temsilcileri Hacı Bektaş Veli, Pir Sultan Abdal gibi isimlerdir. Bu edebiyat biçimi içerik ve anlam olarak çok zengin bir türdür. Örnek vermek gerekirse tasavvufi yolu anlamayanların tasavvuf edebiyatında geçen şarap, sarhoş, meyhane gibi kavramlarla tasavvuf ehline bazı mesnetsiz yakıştırmalar yapması da bu yüzdendir. Burada meyhaneler tekkeyi, şarap ilahi aşkı, meyhaneci tarikat şeyhini, maşuk Allah'ı simgeliyordu. Tasavvuf Edebiyatı, Divan Edebiyatı kadar olmasa da bir yandan toplulukları birleştiren bir edebiyat ve kültür köprüsü vazifesini üstlenirken, diğer yandan da tasavvuf, tarikat yoluna giren kişilerin anlayacağı gizli anlamlar içermekteydi.

Tasavvuf Edebiyatı'nın Ele Aldığı Konular

- Allah
- İnanç
- Doğruluk
- İbadet
- Nefis
- Takva
- Adalet

Bir Örnek:

Aşkın aldı benden beni
Bana seni gerek seni
Ben yanarım dünü günü
Bana seni gerek seni

Yunus Emre'nin bu mısralarına baktığımızda, Tasavvuf düşüncesine göre yaşadığımız bu dünya gerçek değildir. İnsan gerçek olarak algıladığı bu dünya içerisinde beyhude bir çaba göstererek dünya zevklerine ve hırslarına kanmakta ve bunun sonucunda da ilahi olan aşkı ıskalamaktadır. İnsanın nefsi bünyesinde bütün kötülükleri barındırır ve insanı her zaman zelil duruma düşürmek için uğraşır. Bundan kurtulmak için insan nefis ile mücadele edip ona karşı galip gelmeli ve ilahi aşka yönelmelidir. Bu dörtlükte Yunus Emre bunları bize anlatmaktadır ve şiirinde bariz şekilde Allah aşkı ile kavrulduğundan ve varlığının ancak O'na ulaşınca huzur bulacağından bahsetmektedir.

Tasavvuf Edebiyatı'nın Önemli İsimleri ve Tasavvuf Anlayışları

Ahmet Yesevi

Ahmet Yesevi sadece bir tekke edebiyatçısı değil aynı zamanda büyük bir mutasavvıf ve İslam âlimiydi. Türkistan'da Pir olarak bilinirken Türkiye'de kendisinden Hoca Ahmet Yesevi diye bahsedilir. Özellikle önemli tasavvuf hareketlerinden Nakşibendilik ve Bektaşiliğin kökleri Ahmet Yesevi'ye kadar dayanmaktadır. Ahmet

Yesevi'nin Edebiyat ve Tasavvuf'ta "Hikmet Anlayışı" İslami ahlak kurallarına uygun ve Türkçe için bırakılan büyük bir hazinedir. Zira Yeseviyye tarikatının özünde iki madde yer alır: "İlim ve Hikmet." Özellikle akıl, bilgi, inanç meselelerinin üzerine eğilen Yesevi Tasavvuf kültürünü merak edenler için ilmi hazinesi ve yaşantısıyla güzel bir örnektir. Kendisini takip eden binlerce takipçisi ve çok büyük kitlelere hitap eden Ahmet Yesevi buna rağmen kendi mesleği olan kaşıklık ile geçinimini sağlamıştır. Onun hayatı her zaman kendi emeği ve alınteriyle kazanılmıştır. Kimsenim parasında, zenginliğinde gözü olmayan bir tasavvuf ehliydi. Çünkü Ahmet Yesevi'ye göre başkalarının sırtından geçinen insanların dini hassasiyetleri tartışılmalıdır.

Yunus Emre

Birçok kişinin Yunus Emre ile ilgili düştüğü en büyük yanılgı onu sadece şiir yazan, aşk ile ilgili sözlerden ibaret biri zannetmeleridir. Yunus Emre Tasavvuf Edebiyatı'nın en köklü temsilcisi olmasının yanı sıra kendine has tasavvuf anlayışı olan bir mutasavvıftı. Onun bu yanını görmeden şiirlerinden ibaret zannetmek çok büyük bir gaflettir. Yunus Emre ne tam manada da bir filozoftur ne de ilimle uğraşan ve araştırma yapan bir âlimdir. Yunus Emre "Biz Hızır'a kendi ilmimizden öğrettik" ayetinden yola çıkarak ledün kelimesini tasavvuf anlamında alan bir mutasavvıftır. Yunus Emre, İslam şeriatına bağlı, tasavvuf üzerine yaşamış ve İslam tasavvufunun belirlemiş olduğu şeriat, tarikat, hakikat ve marifet makamlarından geçerek irfana ve hikmete ulaşmış bir bilgindir. Sadece bilgi ile ulaşılamayan bilgilere de ulaşmayı başaran ilham yönü kuvvetli bir isimdir. Bunu Yunus Emre'nin şiirlerinde anlam yönünde görmekteyiz. Yunus Emre'nin şiirlerinin zahiri ve batini iki farklı anlamı vardır. Batini anlamları kavrayamayan ve anlamayanlar için Yunus Emre şiirleri sadece aşk sözleridir. Ancak batini anlamı kavrayanlar bilir ki Yunus'un şiirleri İlmi Ledün'ün derinlikleridir.

Niyazi Mısri

Niyazi Mısri Tasavvuf Edebiyatı'nın ilginç kişiliklerinden birisidir. Gece yazdığı şiirlerde Niyazi, gündüz yazdığı şiirlerde ise Mısri mahlasını kullanır. Mevlana, Yunus Emre, İbni Arabi gibi isimlerin takipçisi olan Niyazi Mısri'nin tasavvuf anlayışı da saydığımız bu üç isme yakındır. Tasavvuf Edebiyatı'nda şiirleri en çok şerh edilen şairdir. Şiirlerinde Vahdet-i Vücut, Varlık, İlahi Aşk gibi kavramları işlemiştir.

TASAVVUFTA TARİKATLAR

Sözlük anlamında yol, usul, gidilecek, varılacak yol gibi anlamlara gelen Tarikat terim olarak "Allah'a ulaşmak isteyenlere mahsus yol ve davranış" demektir. Sufiler tarikatı "İnsanı hakikate götüren yol" diye tanımlayarak Tasavvuf'ta tarikatın önemine dikkat çekmişlerdir. Tarikat, Tasavvuf inanç ve görüşlerinin bir şeyh etrafında teşkilatlanmış müesseseleşmiş halidir. Tarikat bu görüşleri yaymak ve eğitimini yapmak üzere kurulmuş olan bu teşkilatları ifade eder. Daha kısa tabiriyle Allah'a ulaşmanın farklı farklı yollarına da Tarikat yolu denmektedir. Başlangıçta "dünyaya önem vermeyerek yüz çevirmek, nefsi terbiye etmek ve bunun üzerine bir yaşam kültürü oluşturmak" ile tanımlanan tarikat, tasavvufun belirli bir sisteme oturmasından sonra birbirlerinden ayrı şekilde zikreden, giyinen ve değişik tasavvuf görüşlerine sahip olan tasavvufi oluşumların adı olmuştur. Tasavvuf'un kâmil insan mertebesine ulaşma amacı için araç tarikatlardır. Tabii ki burada Tasavvufi bir gelenekle kurulmuş, kültürü, edebi ve kuralları olan tarikatlardan bahsediyoruz. Tarihi olarak baktığımızda 12. yüzyıl sonrasında ortaya çıkan tarikatların çıkış amacı tarikatlaşma, gruplaşma değildir. Tasavvufun daha iyi anlaşılması için sohbet meclislerinin kurulması, insanlara tasavvufun doğru şekilde anlatılabilmesi için ortaya çıkmışlardır. Tarikatların öncesinde Tasavvuf kültürüne baktığımızda bu tarz oluşumlara rastlamamaktayız. Tarikatlar tamamen tasavvuf düşünce sistemi üzerinde çalışmalar yapmak üzerine ortaya çıktığı zaman, bu tarikatların kurucularının zaten herhangi bir tarikat kurma ya da kendilerine bağlı mürit grupları oluşturmak diye amaçları yoktu. Dönemin ruhunda spontane gelişen ve oluşan kurumlardır. Günümüzdeki tarikat anlayışı ile tarikatların ilk çıkış dönemlerindeki anlayış arasında çok büyük farklar vardır.

Tarikatlar geliştikçe Tasavvuf yolu üzerinde ilerleyiş ile farklı yollar ve ritüeller ortaya çıkmaya başlamıştır. Her tarikatın kendine has adabı, kültürü ve geleneği oluşmuştur. Ancak temelde baktığımızda hepsinin amacı aynıdır. Tarikat tasavvufi bir disiplindir. Bu disiplinin esasları dini daha iyi anlama ve yaşamaktır. Dolayısıyla bu açıdan baktığımızda dünya ve ahiret mutluluğunu hedefleyen bir araçtır. Tarikatlar amacından sapmadığı ve zamanla yozlaştırılmadığı sürece Müslüman için manevi yolun bir aracıdır. İnsanın şuurunu diri tutan, her daim takva üzerine bir yaşam amaçlayan bu yapılar tasavvuf ile iç içedir.

Bütün tarikatlar Allah'a ulaşmak için üç yol belirlemişlerdir, bunlar:

- Tarik'i Ahyar: Kişi farz kılınan ibadetlerin yanı sıra nafile olan namaz, oruç, Kuran-ı Kerim okumak gibi ibadetleri de çoğaltmalıdır. Bu Allah'a ulaşmak isteyen kişinin buna muvaffak olabilmesi için önemlidir.
- Tarik-i Ebrar: Nefsinin isteklerini kırmak için arzu ve isteklere gem vurmak demektir.
- Tarik-i Şüttar: Aşk ve sevgi üzerine yaşanılıp halis amellerle Allah'a ulaşmak demektir. Kişi kendinden vazgeçerek Allah ile bütünleşmiştir. Kendi varlığını yok kabul eden kişi için ulaşılabilecek son noktadır. Bu duruma Hallac-ı Mansur örnek gösterilebilir.

Yeseviyye Tarikatı

Orta Asya'da yüzyıllarca etkisi olan Yeseviyye Tarikatı Tasavvuf'un en önemli isimlerinden ve birçok tasavvufi ekole de etki eden Hoca Ahmet Yesevi tarafından kurulmuştur. Türkler tarafından kurulan ve Türk bölgelerinde benimsenen bu oluşum kendisinden sonra gelen Bektaşiler, Nakşibendiler gibi önemli oluşumlara da direkt olarak etki etmiştir.

Hoca Ahmet Yesevi'ye göre nefsi kontrol etmenin ve Allah'a ulaşmanın en önemli ve en meşakkatli yolu nefsin karşısında dimdik durabilmekten geçmektedir. Dünya malına meyletmemek, her daim ibadet üzerine yaşamak, elinde olan malı insanlarla paylaşmak, herkese hoşgörü ile yaklaşmak, yapıcı olmak, dünya nimetlerine aldanıp dünyaya bağlanmamak gibi hususlar Yeseviyye tarikatında önemli bir yer tutmaktadır.

Ahmet Yesevi bu tarikatın esaslarını tamamen Peygamber'in yaşantısı ve Kuran-ı Kerim'in koyduğu kurallar üzerine inşa etmiştir ve bu esaslara da kuvvetli bir şekilde bağlıdırlar. Ahmet Yesevi'nin düşünce sistemi ve harekâtı İslam dünyasına büyük bir damga vurmuş, kendisinden sonra gelen hem tarikat oluşumlarına, hem İslam âlimlerine direkt ve dolaylı yollardan etki etmiştir. Özellikle Türk coğrafyasında birçok âlimin hocası Ahmet Yesevi kabul edilmektedir.

Ahmet Yesevi'nin tarikat anlayışı kişinin kendisinden geçip Allah'ı anlaması ve kavraması üzerine kuruludur. Vahdet-i Vücut anlayışını Ahmet Yesevi'de fazlaca görmekteyiz. Yesevi'ye göre en büyük mutluluk ancak Allah'a yakınlaşmakla gerçekleşebilir. Ona göre tevhit inancını kavramayanların bu hali anlaması mümkün değildir, bu yola da ancak iman ve ilim ile girilebilir. Nitekim Ahmet Yesevi, *Divan-ı Hikmet* eserinde şöyle demektedir:

"Ene-l Hakk'ın Anlamını Bilmez Cahil
Alim Gerek Bu Yollarda Mertlerin Denizi
Akıllı Kullar Hak Yadına Sevgili Dedi
Bu Candan Geçip Sevgiliyi Sevdim Ben İşte."

Ahmet Yesevi tasavvufun sözlü bir ilim olmadığını, tamamen hal ve mana ilmi olduğunu söylemektedir. Diğer mutasavvıflara da baktığımızda aynı anlayışı görmekteyiz.

Yesevi Tarikatı Kuralları

Her tarikatın kendine has bazı prensipleri vardır. Bu prensipler dışarıdan bakan için zor ve kısıtlayıcı gözükse de insan hayatının disipline edilmesi ve amaca ulaşılabilmesi için önemlidirler. Bu prensipler tıpkı toplum içerisinde yaşayan insanın riayet ettiği prensipleri gibidir, her cemiyetin her oluşumun kendine ait kuralları olması gibidir. Bu kurallar şöyledir:

- Mürit zeki ve idrak sahibi olmalıdır.
- Mürşidinin yolundan gitmeli ve onun koyduğu kurallara riayet etmelidir.
- Mürit vefalı olmalıdır.
- Sözünde doğrucu olmalı ve her daim doğruluk üzerine yaşamalıdır.
- Ulaştığı sırları muhafaza etmelidir.
- Maddi ve manevi cömert olmalıdır.
- Tevekkül ve tefekkür üzerine yaşamalıdır.
- Yumuşak huylu ve sabırlı olmalıdır.
- Allah'ın rızasını kazanma gayreti içerisinde olmalıdır.
- İlme yatkın ve her daim öğrenmek ile meşgul olmalıdır.

Mevleviyye Tarikatı

Mevlana'nın yaşadığı dönem siyasi olarak çalkantılı bir dönemdir. Moğol akınlarının getirdiği huzursuzluk ve bozulan düzen hem siyasi hem toplumsal olarak birliği ortadan kaldırmış ve her alanda büyük bozulmalar meydana gelmeye başlamıştı. Moğolların beyliği haline gelen ve taht kavgalarından güçsüz düşen Selçuklu Devleti ülke yönetiminde hükmünü adeta kaybetmişti. Ülke yönetiminde güvensizlik ve şüphe yüzünden vezirler ve bazı yöneticiler öldürülüyordu. Uzun yıllar vezirlik yapan Sadettin Köpek ve Muineddin Pervane de öldürülen isimlerdendi. Halk ayaklanmaları ile de iyice güçsüzleşen Anadolu böylesi bir zamanda Tasavvuf'un en çok yükseldiği dönemlerden biri olacaktı. Moğolların akınlarının durmaması ve süregelen karışıklıklar tanınmış birçok sufiyi Anadolu'ya getirdi. İşte Mevlana böyle bir ortam sonrasında Anadolu sufizmine ve Anadolu halkına bir güneş gibi doğdu.

Mevlana'ya göre tasavvuf yolculuğu kendine gelmek ve kendini bulmak demektir. İnsan bu yolda kendine hâkim olmalı ve bu yolda tutarlı olmalıdır. Mevlana ibadetlerde de her daim manevi samimiyetin olmasının şart olduğunu söyler. Mevlana'ya göre insandaki kudret Allah'tandır. Ancak insan çaba göstermediği takdirde yaratılışına ters bir davranış içine girmektedir. Maddi işlerde olduğu gibi manevi işlerde de yükselmek için çalışmak ve çabalamak şarttır. Bu mücadelede başarıyı Allah'tan bilmek başarısızlığı ise kendinden bilip işin hayrını Allah'tan bilmek gerekmektedir. Mevlana insanın kendisini ıslah etmesi için çok çalışması gerektiğini söylemektedir. Tasavvuf ve Tarikat anlayışını da böyle bir zeminden oluşturur, Mevlana'ya göre müridin vazifeleri şunlardır:

- Mürit kendisini mürşidinden uzaklaştıracak sözlerden uzak durmalıdır.
- Mürit Allah sevgisi ile mutlu olmalı ve kendisini boş işlerden uzak tutmalıdır.
- Mürit şeyhine suizanda bulunmamalıdır.
- Zorluklara göğüs germeden manen yükselmek mümkün değildir. Mürit her zaman çabalamalıdır.
- Mürit şeyhinin yanında çok konuşmamalıdır.
- Mürit nefsini zayıflatmalıdır.

Mevlevilikte Sema

Mevlevi sema töreni içinde dini öğeler içeren ve tasavvufi olarak Allah'a ulaşmanın yollarını sembolize eden tasavvufi bir törendir. Mevlevilikte sema töreni, Mevlana'nın Şemsi Tebrizi ile karşılamasından sonra, Şems'in teşviki ile yapılmaya başlanmıştır. Şems'in Mevlana'ya "Sema buyurunuz, aradığınız ve istediğiniz şeyi ancak semada bulursunuz" dediği nakledilmektedir. Mevlana bu konuşmadan sonra semaya başlamış ve Mevleviliğin içinde sema töreni böylelikle yer bulmuştur. Bugün uygulanan sema gösterileri ise tamamen turizm amaçlı yapılan ve bu törenle alakası olmayan gösterilerden ibarettir.

Mevlevilikte Halvet

Mevlevi tarikatında halvet tam olarak bin bir gün sürer. Çileye giren bir Mevlevi sufisi bu süre içerisinde bulunduğu yeri şeyhinden izinsiz terk edemez, izinsiz terk ettiği takdirde çilesi kırılmış sayılır ve bu durum Mevlevilikte hoş karşılanmaz. Çile süreci ibadetlerle geçen nefsi köreltmeyi amaçlayan bir süreçtir. Bu süreçte herhangi bir konfor durumu yoktur. Hatta sufiler meydanı şerif diye bir alanda yatarlar ve üzerlerine de sadece hırkalarını örterler.

Nakşibendiyye Tarikatı

Nakşibendi tarikatı 1318-1389 yılları arasında Türkistan'da yaşayan Bahaeddin Nakşibend tarafından kurulmuştur. Özellikle Osmanlı döneminde çok yaygın olan bu tarikat Türkiye'de günümüzde de faaliyet göstermektedir.

Prensipleri başlıca şöyledir:

Manevi yolculuğa vâkıf olma: Manevi yolculuğa çıkan müridin o hale vâkıf olması ve varlığının farkına varması gerekmektedir. Bütün varlığı ile iyi bir kul, iyi bir insan olmalı ve vaktini bunun dışında kalan şeylerle meşgul etmemelidir.

Kalbi zikir ile arındırmak: Nakşibendilikte zikir çok önemlidir. Mürit kendisine verilen zikir derslerini anlamalı ve huşu içinde bunları uygulamalıdır. Bu aynı zamanda dervişlerin disiplinli hayatlarını gelişmesini de sağlamaktadır.

Kalbi uyanık tutmak: Sufi her zaman kalbini Allah'a karşı temiz ve diri tutmalıdır. Bu sayede kalbi meşgul edecek işlerin sevgisinden kalp arınır.

Her nefeste gaflette olmamak: Nakşibendilikte buna HUŞ DER DEM denilmektedir. Huş akıl manasına gelmektedir. Dem ise nefes demektir. Huş Der Dem ise alınan her nefesin farkında olmak ve her nefeste gaflette olmamak demektir. Tasavvufi bir kavram olan huş der dem, hayatın nefesten ibaret olduğunu göstermek ve her daim bunun farkında ve buna vâkıf olarak yaşamak demektir. Çünkü insan hayatı ilk ve son nefestir.

Yürürken önüne bakmak: Nakşibendiliğe göre yürürken önüne bakan kimse alçakgönüllü olur. Bu davranış üstün bir davranış olarak kabul edilmiştir.

İlim için yolculuk: Derviş ilim için sefer etmekten kaçınmamalıdır. Hz. Muhammed'in "İlim Çin'de bile olsa onu arayınız" sözü bu duruma örnek gösterilmektedir.

Bektaşiyye Tarikatı

Bektaşilik Hoca Ahmet Yesevi öğretilerinden yola çıkılarak, Hacı Bektaş Veli tarafından kurulmuştur.

Bektaşiyye öğretisinde insan kul olduğunun farkında olmak ve kendisini bir yaratıcının yarattığını idrak ederek yaşamalıdır. İnsan kendi kendine hiçbir şeyi yapamaz, mutlaka bir öğreticiye ihtiyacı vardır. Nefis terbiyesinde de bu öğretmen müridin, mürşididir. Bu bağlamdan baktığımızda Bektaşilik kişinin kendisini bilmesi ve kulluğunun farkına varması demektir.

Bektaşiyye tarikatı diğer bahsettiğimiz tarikatlarda olduğu gibi Vahdet-i Vücut anlayışını benimsemiş ve yapısını bu yönde kurmuştur. Burada varılacak olan mertebe vasılı illallah yani Allah'ın sevgili kulu olma mertebesidir. Bektaşilikte buraya ulaşabilmek için dervişlerin geçmesi gereken dört kapı ve kırk makam vardır. Buraları geçen ve başarılı olup nefsine hükmeden derviş kâmil insan olmuştur. Bu dört kapı şeriat, tarikat, marifet ve hakikattir. Bu dört kapı aynı zamanda diğer tarikatların da esaslarındandır. Bu kapıların sembolize ettikleri ise: İyi bir insan, Allah'a layık olan kul, Allah sevgisine tabi olan kul gibi tanımlamalardır. Kırk makam ise bu dört kapının altında onar makamdan oluşmaktadır.

Başlıca diğer tarikatlar:

- Halvetiyye
- Ruşeniyye
- Cemaliyye
- Ahmediyye
- Cerrahiyye
- Sinaniyye
- Mısriyye

- Şemsiyye
- Bayramiyye
- Safeviyye
- Melamiyye
- Celvetiyye
- Kadiriyye
- Eşrefiyye
- Rifaiyye

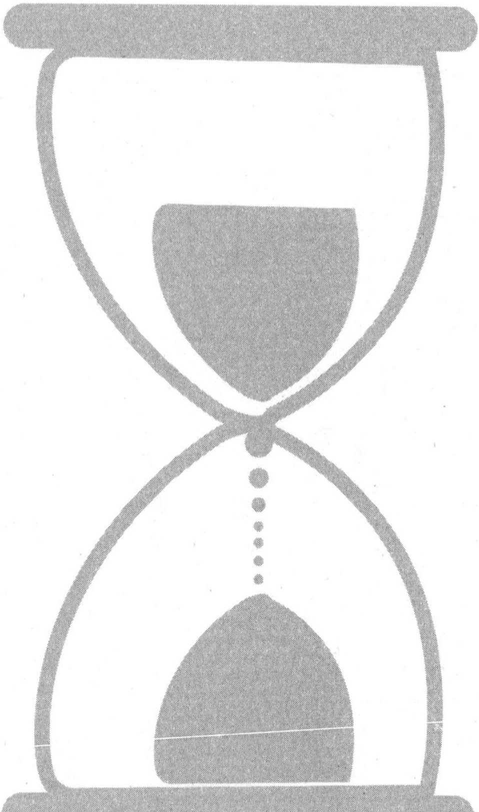

TASAVVUF VE ZAMAN

Hızına yetişemediğimiz, hükmedemediğimiz ve ne yazık ki verimli kullanmadığımız en başlıca şey zamandır. Tasavvuf ve zaman ilişkisi yüzeysel bir ilişki değildir, gizemli, güçlü ve kavraması zor bir ilişkidir. Çünkü Tasavvuf'un zaman ile ilişkisi varoluşsal bir ilişkidir. Hem günlük zamanı değerlendirme açısından hem de manevi açıdan zaman hakikati algılamak ile ilgilidir. Tasavvuf anlayışında zaman kavramı hal üzerine yoğunlaşır, bu nedenle an, an-i daim, dem ve vakit gibi kelimeler şimdiki zaman anlamında zaman yerine kullanılır. Bu kelimeler hemen hemen aynı manalara geliyor gibi görünse de ince anlamları ve ayrıntıları vardır. An kelimesi zamanın küçük parçası demektir, sufinin Allah ile buluşmasını simgeler. Dem kelimesi ise vakit ve an ile birlikte kullanılsa da sufinin bütün dünyevi kaygılardan kurtulup var olduğu an içerisinde Allah'a yönelmesi demektir. An-ı Daim ise zamansızlık demektir. Lütfi Filiz[10] *Noktanın Sonsuzluğu* kitabında bu ilişkiyi şu şekilde anlatmaktadır:

"An bir noktadır. Bu nokta uzatıldığında sonsuza ulaşan bir hat meydana gelir. Bu hat üzerinde bir nokta esas alınır ve o nokta merkez olmak üzere bir daire çizilecek olursa, bu dairenin çapına zaman adı verilir.

Dakikanın altmışta birine saniye, saniyenin altmışta birine de salise denir. Salise insan tarafından hissedilemez. Ancak kronometre dediğimiz aletle tespit edilebilir.

Bunlar zamanın ana en yakın uzaklıklarıdır. Arayı biraz daha daraltırsak zaman kavramı hemen hemen yok olacaktır. Bu küçük zaman parçası çok daha iyi geliştirilmiş modern aletlerle tespit edilebilir, fakat çap sıfırlanıp, pergelin iki ucu birleştirilirse, zaman kavramı ortadan kalkar ve görünmezlik âlemine girilmiş olur. İşte, 'An' denen, bu merkez noktasıdır ve 'An-ı daim' diye adlandırılır. Burada: 'Zaman-ı daim' değil, 'An-ı daim' dendiğine dikkat etmek lazımdır. Çünkü an sabit, zaman ise müteharrik (hareketli)dir.

10. Lütfi Filiz, yirminci yüzyıl Türkiye'sinde yaşamış sufilerden biridir. Lütfi Filiz'in bir diğer özelliği sufi büyüklerinin önceki yüzyıllarda kullanmayı tercih ettikleri rumuzlu, sembolik dil yerine daha dolaysız bir dil ile tasavvufi gerçekleri aktarması ve bazı sembolleri ve kıssaları yorumlamasıdır.

Zaman: Bir bacağı anda duran pergelle çizilen dairenin, bu hat üzerinde meydana getirdiği çaptır. Çap ne kadar büyük olursa olsun, daire daima 360 derecedir. Bunun ne ifade ettiğini ileride, sıfat bahsinde göreceğiz.

An noktası hem zamanın, hem de dairenin merkezidir. Her şey o merkezde birleşir. O halde an ve zaman bir pergelin iki bacağı gibidir. Bir ayağı merkezde, yani anda durur, diğer ayağı ise hareketlidir ve zamanı gösterir. Sema yapanların bir ayaklarını sabit tutup, diğer bacaklarıyla bu sabit duran ayaklarının etrafında dönmeleri an-zaman ilişkisini sembolize eder.

Allah andadır. Öyle olduğu için de verdiği: 'Kün!' ('Ol!') emri an-ı vahitte gerçekleşiverir. Merkezden uzakta olan kulun da aynı şekilde, 'Ol!' emri vermesi mümkündür. Bir kulun ev yaptırmak üzere 'Kün!' dediğini düşünelim: Bu emri verdikten sonra, önce bir mühendise plan yaptırmak, sonra o plan için belediyeden ruhsat çıkartmak, daha sonra da sırasıyla; müteahhit bulup, işi ona vermek, malzemeleri temin etmek, gerekirse işçi ve ustaların çalışmalarını kontrol etmek, ev bittikten sonra oturma ruhsatı almak, suyunu, elektriğini bağlatmak ve nihayet içine taşınmak, o kişinin en az bir yılını alacaktır. Ama aynı

'Kün!' emrini Allah verdiğinde bu süre sadece bir an olacaktır. O'nun kâinatı yaratması da böyledir. Yaratılış süresi bizim zamanımıza göre milyarlarca yıl sürmüş olabilir, ama bu süre O'nun için sadece bir andır.

Rüyalarımız an ile zaman arasındaki farkı bize, bir ila iki saniyelik süre içinde birkaç yıllık serüvenler yaşatarak anlatmaktadır.

An ile zaman ilişkisi bizim algılama kabiliyetimizle bağlantılıdır. An devamlıdır, zaman ise; o devamlı olan andan bizim algılayabildiğimiz kadarıdır. Bunu daha iyi anlatabilmek için bizim ışık ve ses algılamalarımızı örnek vermek faydalı olacaktır.

Biz, ışık huzmelerini bir yere kadar takip edebiliriz. Daha sonra ışık görünmez olur. Ama bizim göremiyor olmamız o ışık huzmelerinin yok olması demek değildir. Onlar, biz göremesek bile, sonsuzlukta yoluna devam eder.

Aynı durum ses için de geçerlidir. Kulağımızın duyabildiği ses frekansları ve ses şiddeti bellidir. Ses belirli bir frekans aralığının dışına çıkar veya belirli bir şiddetin altına inerse, biz o sesi duyamayız. Ama o ses dalgaları, biz duyamasak bile, yayılmaya devam etmektedir.

Bizim 'Kayboldu' dediğimiz ışık huzmeleri ve ses dalgaları aslında kaybolmamakta, anda toplanmak-

tadır. Bizim onlar için 'Kayboldu' deyişimiz, onların, zamandaki algılama kapasitemizin dışına çıkmış oluşundandır. Allah'ta ise böyle bir tahdit olmadığı için, bizim 'Kayboldu' dediğimiz şeylerin hiçbiri O'nda kaybolmaz."

Zaman bilgisi, insan için en önemli ve en genel bilgilerden biridir. Zaman bir nispettir, dışta varlığı yoktur. Yani âlemdeki olaylar ve varlıklarla bağlantısı vardır. Ama bir eşya gibi bir varlığı mevcut değildir. Bu bakımdan zaman ilahi bir zarftır. Zaman zarfı içinde âlemdeki bütün olaylar ve oluşumlar cereyan eder. Buna göre zaman her şey üzerinde hüküm sahibidir. Zamanın dışında herhangi bir oluşum ve varlık düşünülemez. Zaman, hem yaratana ve hem de yaratılanlara nispet edilir. Çünkü bütün oluş zaman zarfı içinde gelişmektedir.

Zaman "Ne zaman?" sorusuyla ortaya çıkan bir nispettir. Âlemdeki bütün oluşumlar ve varlıklar için "Ne zaman?" sorusu sorulabildiğinden, zaman âlemdeki bütün varlık ve oluşumlara nispet edilebilmektedir. Buna göre, bütün şart edatları zamanın isimleri olmaktadır. Bu şart edatlarıyla isimlendirilen zaman ise var olmayan bir şeydir.

TASAVVUF, AHİLİK TEŞKİLATI VE MASONLUK

Ahilik 13. yüzyıldan itibaren yaklaşık 500 yıl etkili olmuş bir teşkilattır. Avrupa loncalarına karşı kurulmuş esnaf yardımlaşma cemiyetidir. Ahlaki, askeri ve siyasal alan dışında, sosyal ve ekonomik alanlarda da etkili olmuş bu teşkilatın tasavvufla örtüşen çok yönü vardır. Ahilik daha çok bir meslek teşkilatı olarak görünmekle beraber, askeri ve ahlaki alanda da ön plana çıkmıştır. Tasavvuf da bir ilim olduğu kadar aynı zamanda bir hal ve eğitim işidir. Bu sebeple gerek ferdi gerekse toplumsal hayatta derin izler bırakan önemli müesseseler kurmuştur. Bunlardan biri insan nefsini terbiye etmeyi hedefleyen tarikatlardır. Ahilik ve Tasavvuf bu manada pek çok müşterek ahlaki terbiye metodu benimsemiştir. Özellikle Anadolu Ahiliğinin mistik bir tarikat olarak görülmesi bu bakımdan anlamlıdır. Tasavvuf toplumsal, kültürel, estetik ve bilimsel boyutlar olan bir gerçektir. Tekke, zaviye, dergâh isimleriyle bilinen tasavvufi merkezleri, kendine özgü bir ruhu olan eğitim kurumları olmuştur. Bu merkezler sadece manevi eğitim vermekle kalmayıp, toplumların örf ve geleneklerine de hizmet ederek toplumu toplum yapan meslek kolları ve sanat dallarını da örgütlemişlerdir. Osmanlı döneminde yüzlerce yıl tarikatlar hat, desen, klasik müzik, edebiyat, Arapça, Farsça, İtalyanca gibi yabancı diller öğretmişlerdir.

Türkler, 1071 yılında Malazgirt Zaferi'nden sonra yoğun olarak Anadolu'ya göç etmeye başlamışlar ve bu toprakları ebedi vatan yapmanın mücadelesini vermişlerdir. Kazanılan askeri ve siyasi başarılardan sonra, Türk İslam medeniyetini Anadolu'da, Bizans medeniyetine üstün kılmak için yeni fethettikleri bu toprakları vatan yapmak için güçlü bir toplum inşa etmek gerekiyordu.

Türklerin Anadolu'yu vatanlaştırmasında, yerleşik hayata ve aşiret hayatından millet hayatına geçmelerinde; şehir hayatına adapte olup iş ve gıda sahibi, üretici, eğitimli insan olmalarında, meslek edinmelerinde, İslami güçlü bir hayat nizamı oluşturmalarında; edebi, mimari, zirai, iktisadi, sosyal güvenlik ve eğitim sistemlerini meydana getirmelerinde şüphesiz ki Ahiliğin büyük etkisi olmuştur.

13. yüzyılda Anadolu'da cereyan eden iki önemli olay vardır: Birincisi siyasi çalkantılar, ikincisi ise Moğol istilasıdır. Moğol istilasından kaçan insanlar toplu ve büyük

gruplar halinde Anadolu'ya akın ettiler. Akın eden bu insanların içinde farklı mesleklerden birçok kişi vardı. İçinde bulundukları durumda nasıl hareket edeceğini bilemeyen bu toplulukları organize edip yön verenler ise yine Moğollardan kaçıp Anadolu'ya gelen dönemin mutasavvıfları oldular. Meslekleri gruplarına göre ayırıp lonca şeklinde bir kurum kuran mutasavvıflar böylelikle Ahilik kurumunu da faaliyete geçirmiş oldular. Anadolu Ahiliğinin kurucusu kabul edilen dönemin büyük mutasavvıfı Ahi Evran Anadolu'nun vatanlaşmasında ve Osmanlı Devleti'nin kurulmasına giden yolda büyük bir katkı sağlamıştır. Ahi Evran, iktisadi ve siyasi olarak topluma güç kazandıran Ahilik teşkilatını Kayseri'de ilk olarak bir deri atölyesi açarak kurmuştur. Ardından meslek sahibi kişileri ve sanatkârları etrafında toplayan Ahi Evran, esnaf dayanışma teşkilatı dediğimiz Ahiliği hayata geçirmiştir. Özellikle günümüz masonluğu ve mason locaları Ahilik ile çok sık karşılaştırılmaktadır. Hatta kimi tarihçiler çağdaş masonluğun köklerini Ahilik kurumu ile bağdaştırıp mason anlayışının Ahilik üzerine inşa edildiğini iddia etmektedirler. Zira masonluğun en eski belgeleri 1400'lü yıllara dayanmaktadır ki Ahilik teşkilatı ile arasında yüzlerce yıl vardır bu belgelerin. Masonluğun resmi olarak kuruluş tarihi 1730 yılıdır. Resmi olarak ilk Fransa'da kurulan masonluk 1770 yılında Amerika'da faaliyet göstermeye başlamıştır.

Ahilik Özellikleri ve Görevleri

Ahilik teşkilatına dahil olabilmek için Ahi yani kardeş olmak zorunludur.

Ahilik teşkilatına üye olan esnaf ve zanaatkârlar belirlenen ahlaki kurallara uyum sağlamak zorundadır.

Ahi olan her zanaatkâr 124 adet olan gerekli her prensibi bilmek zorundadır.

Ahilik teşkilatı toplamda 32 adet ana sanat dalına bölünmüştür.

Ahilik teşkilatının belirlemiş olduğu sistemde her zanaatkâr kendi çırağını ve kalfasını yetiştirmektedir.

Sistemin kendi içerisinde özel bir eğitim yöntemi bulunmaktadır.

Ahilik sisteminde kişiler ahlaki ve dini kurallara uymak zorundadır.

Bu sistem içerisinde bulunan kişilerin zina yapması, alkol tüketmesi, kötü işler içerisinde bulunması katiyen yasaktır.

Ahilik Teşkilatı Yönetimi

Ahilik sisteminde, 32 adet ana sanat dalı bulunmaktadır. Bu sanatların üyeleri kendi içerisinde meslek kolu oluşturur, örgütlenir ve sonunda teşkilatın üst yönetimine bağlanırdı. Ahilik teşkilatının 2 yönetim organı bulunmaktadır. Bu organlardan bir tanesi 5 kişiden olur ve buna Yönetim Kurulu adı verilir. Diğer kolu ise üst düzey yönetim organı olan Büyük Meclis'tir. Hangi yerleşim yeri olursa olsun hepsi Kırşehir Ahilik Teşkilatı'na bağlanmaktadır. Bunun sebebi ise, teşkilatın kurucusu olan Ahi Evran'ın Kırşehirli olmasıdır.

Yönetim Kurulu

Kurul en az 5 kişiden meydana gelmektedir. Yönetim kurulu üyeleri her meslek kolunun azaları arasından seçilmektedir. Yönetim Kurulu'na üye olacak kişilerin; en az 5 sene ustalık yapmış olması, Müslüman olması, en az 3 usta yetiştirmiş olması, tutukluluk hali olmaması ve güzel ahlak sahibi alması gibi bazı şartlar aranmaktadır.

Esnaf Şeyhi

Yönetim Kurulu'nun birinci üyesi, aynı zamanda Yönetim Kurulu'nun da başkanıdır. Bu kişi yani Esnaf Şeyhi bulunmadan Yönetim Kurulu asla toplanamaz. Esnaf Şeyhi'nin görevi, esnaf koluna verilecek genel eğitimlerle ilgilenmektir.

Yiğit Başı

Yönetim Kurulu'nun ikinci üyesine Yiğit Başı adı verilir. Yiğit Başı, hammadde dağıtımının sağlanması, Ahilerin yetiştirilmesi, esnafa uygulanan disiplin cezalarını uygulamak, ustalık törenlerinin gerçekleştirilmesi ve orta sandığının yönetilmesi gibi vazifelerde Ahi Şeyhi'ne yardımcı olmak Yiğit Başı'nın ana görevleri içerisindedir.

İşçi Başı

Yönetim Kurulu'nun üçüncü kişisine İşçi Başı adı verilmektedir. Üretilen ve üretilmiş olan malların kalite bakımından denetimlerinin yapılması, defolu ya da hatalı olan malların imha edilmesi, zarar görmüş olan tüketicilerin mevcut zararlarının giderilmesi ve standartların korunması gibi pek çok önemli konuda İşçi Başı görevlidir.

Hakem Heyeti

Yönetim Kurulu'nun kalan 2 üyesine denir. Esnaflar arasında bulunan anlaşmazlıklar ile ilgilenmektedir.

Ahiliğin Temel İlkeleri

Bireyi, müritlikten şeyhliğe ve yamaklıktan ustalığa giden yolda olgunlaştırmaya çalışan Ahi kurumunun mesleki ahlak ve görgü kurallarının temel ilkeleri şunlardır:

- iyi huylu ve güzel ahlaklı olmak,
- işinde ve hayatında, kin, çekememezlik ve dedikodudan kaçınmak,
- ahdinde, sözünde ve sevgisinde vefalı olmak,
- gözü, gönlü ve kalbi tok olmak,
- şefkatli, merhametli, adaletli, faziletli, iffetli ve dürüst olmak,
- cömertlik, ikram ve kerem sahibi olmak,
- küçüklere sevgi, büyüklere karşı edepli ve saygılı olmak,
- alçakgönüllü olmak, büyüklük ve gururdan kaçınmak,

- ayıp ve kusurlarını örtmek, gizlemek ve affetmek,
- hataları yüze vurmamak,
- dost ve arkadaşlara tatlı sözlü, samimi, güler yüzlü ve güvenilir olmak,
- gelmeyene gitmek, dost ve akrabayı ziyaret etmek,
- herkese iyilik yapmak, iyiliklerini istemek,
- yapılan iyilik ve yardımı başa kakmamak,
- hakka, hukuka, hak ölçüsüne riayet etmek,
- insanların işlerini içten, gönülden ve güler yüzle yapmak,
- daima iyi komşulukta bulunmak, komşunun eza ve cahilliğine sabretmek,
- Yaradan'dan dolayı yaratıkları hoş görmek,
- hata ve kusurları daima kendi nefsinde aramak,
- iyilerle dost olup, kötülerden uzak durmak,
- fakirlerle dostluktan, oturup kalkmaktan şeref duymak,
- zenginlere, zenginliğinden dolayı itibardan kaçınmak,
- Allah için sevmek, Allah için nefret etmek,
- hak için hakkı söylemek ve hakkı söylemekten korkmamak,

- emri altındakileri ve hizmetindekileri korumak ve gözetmek,
- açıkta ve gizlide Allah'ın emir ve yasaklarına uymak,
- kötü söz ve hareketlerden sakınmak,
- içi, dışı, özü, sözü bir olmak,
- hakkı korumak, hakka riayetle haksızlığı önlemek,
- kötülük ve kendini bilmezliğe iyilikle karşılık vermek,
- bela ve kötülüklere sabır ve tahammüllü olmak,
- Müslümanlara lütufkâr ve hoş sözlü olmak,
- düşmana düşmanın silahıyla karşılık vermek,
- inanç ve ibadetlerinde samimi olmak,
- fani dünyaya ait şeylerle böbürlenmemek,
- yapılan iyilik ve hayırda Hakk'ın hoşnutluğundan başka bir şey gözetmemek,
- âlimlerle dost olup dostlara danışmak,
- her zaman her yerde yalnız Allah'a güvenmek
- örf, âdet ve törelere uymak,
- sır tutmak, sırları açığa vurmamak,
- aza kanaat, çoğa şükrederek dağıtmak,
- feragat ve fedakârlığı daima kendi nefsinden yapmak

KAYNAKÇA

Cehennem Acı Çektiğimiz Yer Değil Acı Çektiğimizi Kimsenin Bilmediği Yerdir - Hallacı Mansur, Mesud Topal, 2019, Destek Yayınları

Diyanet Aylık Dergi, Eyüp Sabri-Dr. Abdülkadir Erkut, DİB Din İşleri Yüksek Kurulu Uzmanı

Gönül Erleri, Prof. Dr. H. Kâmil Yılmaz, Erkam Yayınları

Tarih Boyunca Mevlevi Kıyafetleri ve Sembolik Anlamları, Dr. Hasan Özönder, Konya Valiliği İl Kültür ve Turizm Müdürlüğü Yayınları

Tasavvuf ve Tarikatlar, Doç. Dr. Mustafa Kara, İletişim Yayınları, 1992

Tasavvuf ve Tarikatlar, Dr. Selçuk Eraydın, Marmara Üniversitesi İlahiyat Fakültesi Vakfı Yayınları, 1994

Tefekkür, Osman Nuri Topbaş, Erkam Yayınları

Web Kaynakça:

http://isamveri.org/pdfdrg/D01777/2008_36/2008_36_MUSLUR.pdf TÜRK TASAVVUF KÜLTÜRÜNDE TARİKAT KIYAFETLERİ VE SEMBOLİK ANLAMLARI, Doç. Dr. Ramazan Muslu

http://isamveri.org/pdfdrg/D224579/2012/2012_CATAKA.pdf EBU'L-HASAN HARAKANİ'DE SEMBOLİK ANLATIM, Yrd. Doç. Dr. Âdem ÇATAK, 1. Uluslararası Harakani Sempozyumu Bildiriler Kitabı

https://dergipark.org.tr/en/download/article-file/143017 SÛFİ KÜLTÜRÜNDE SEMBOLLERİN YERİ VE ÖNEMİ R. BAHAR AKARPINAR

https://dergipark.org.tr/tr/download/article-file/20428 (Muş Alparslan Üniversitesi Sosyal Bilimler Dergisi, TASAVVUF FELSEFESİNDE ZİKİR KAVRAMI, Mehmet Kasım ÖZGEN)